本书为国家社科基金一般项目
"产学研互惠性协同创新机制研究"
(基金号：17BJL075）阶段性研究成果

企业知识转化与
核心能力形成的相关性研究

刘良灿　张同建　著

The Studying of Correlation between
Knowledge Transferring and Formation
of Core Competence

中国社会科学出版社

图书在版编目(CIP)数据

企业知识转化与核心能力形成的相关性研究/刘良灿,张同建著.—北京:中国社会科学出版社,2019.1
ISBN 978-7-5203-4373-2

Ⅰ.①企⋯ Ⅱ.①刘⋯②张⋯ Ⅲ.①企业管理—知识管理—研究 Ⅳ.①F272.4

中国版本图书馆 CIP 数据核字(2019)第 090906 号

出 版 人	赵剑英
责任编辑	彭莎莉
责任校对	邓晓春
责任印制	郝美娜

出　　版	中国社会科学出版社
社　　址	北京鼓楼西大街甲 158 号
邮　　编	100720
网　　址	http://www.csspw.cn
发 行 部	010-84083685
门 市 部	010-84029450
经　　销	新华书店及其他书店
印　　刷	北京君升印刷有限公司
装　　订	廊坊市广阳区广增装订厂
版　　次	2019 年 1 月第 1 版
印　　次	2019 年 1 月第 1 次印刷
开　　本	710×1000　1/16
印　　张	14.75
字　　数	218 千字
定　　价	88.00 元

凡购买中国社会科学出版社图书,如有质量问题请与本社营销中心联系调换
电话:010-84083683
版权所有　侵权必究

摘　　要

美国管理学大师彼得·德鲁克指出：在新的经济体系内，知识并不是和人才、资本、土地并列为制造资源之一，而是唯一有意义的资源。

知识管理是21世纪管理学研究的前沿性主题之一，是知识经济时代现代企业的一种重要的管理方式，是传统经济向现代经济转变的主要标志之一。知识理论认为：现代企业的竞争在本质上是核心能力的竞争，知识资本是企业核心能力的源泉，知识管理是实现知识的资本性功能的有效手段。因此，知识管理与核心能力存在着天然的融合性。

知识转化是知识管理的核心内容，对于企业核心能力的形成具有至关重要的作用。本书经过严密的逻辑论证，构建了我国企业知识转化与核心能力形成的相关性研究模型，然后在知识转化测度体系与核心能力形成测度体系的设计、评价与修正的基础上，通过对我国企业知识转化行为与核心能力形成过程的翔实的样本数据调查，借助于结构方程模型，运用 Lisrel 8.7 和 SPSS 11.5 验证工具，对模型进行了实证性检验，深刻地揭示了我国企业知识转化在核心能力形成过程中的优势与不足，为我国企业进一步加强知识转化战略、大幅度提高企业的核心能力提供了现实性的理论借鉴。

第一章是绪论，介绍了本书的选题背景，点明了知识转化与核心能力相关性研究的现实意义，描述了国内外的研究现状及其在研究过程中存在的不足，从而提出了本书的研究内容，拟定了本书的研究方法，概括了本书的研究框架。

第二章是相关研究的理论综述，介绍了知识管理理论与核心能力理论的内涵及其发展的历程与趋势，着重总结了知识转化理论与核心能力结构理论的研究内容，并且重点回顾了知识转化与核心能力形成相关性研究的思想与成果，然后对各种理论综述进行了简要的评述，从而为研究模型的构建提供了可靠的理论平台。

第三章是研究模型的构建与研究假设的提出，在通过对知识转化与核心能力形成相关性的概要性分析的基础上，详细地解析了知识社会化、知识外显化、知识组合化和知识内隐化对核心管理能力、核心技术能力、核心市场能力与核心整合能力的微观激励性功能，从而构建了本书的研究模型并提出了本书的研究假设。

第四章是知识转化的量表模型研究，主要内容是以 SECI 模型为基础，以核转化元为单位，从最微观的层次构建了知识转化的测度模型，并根据我国企业知识转化的实践性经验，给测度体系赋予了现实性的内容，从而建立了科学的知识转化测度体系，为模型验证的实施提供了理论上的解释变量体系。

第五章是核心能力形成的量表模型研究，主要根据核心能力结构分析的研究成果，通过对核心能力体系的现实性分析，构建了核心能力的静态测度体系，继而形成核心能力形成的动态测度体系，最终构建了核心能力形成的测度量表体系，从而为模型验证的实施提供了理论上的被解释变量体系。

第六章是量表模型的检验与修正，主要根据量表开发的一般方法和原则，借助于翔实的样本数据，运用单构面尺度检验、探索性因子分析和验证性因子分析等统计分析方法，对理论生成的知识转化测度模型和核心能力形成测度模型进行修正和评价，从而为模型验证的实施提供了科学的变量体系。

第七章是实证研究结果及分析，实验研究结果是本书的核心内容，在样本数据的基础上，借助于结构方程模型，将修正后的知识转化测度体系和核心能力形成测度体系进行相关性实证性检验，从而揭示了我国企业知识转化在核心能力形成过程中的微观路径机理，并通过分组检验的方法，揭示了东西部企业知识转化效应的差异性，从而为我国企业加强知识转化、促进核心能力形成，并逐步实现东西部地区经济发展的平衡提供了现实性的理论借鉴。

第八章是知识转化与核心能力形成的相关性模型在我国星级酒店业中的应用研究，利用知识转化与核心能力形成的相关性研究模型对我国星级酒店业进行了行业样本检验，揭示了知识转化在核心能力形成路径上的微观激励性机理，为我国星级酒店业积极地实施知识转化战略、大力进行核心能力培育提供了现实性的理论借鉴，同时也证明了本书模型在国民经济各个行业中的应用价值。

第九章是结论与展望，简要地总结了本书的研究工作，提出了本书的创新内容，主要是构建了知识转化与核心能力形成的相关性研究模型，检验了我国企业知识转化与核心能力形成的相关性，并对我国东西部企业知识转化与核心能力形成的相关性进行了对比分析，从而为我国企业进一步加强知识转化、大幅度提高核心能力，以及缩小东西部企业核心能力的现实性差距提供了有效的理论借鉴。

关键词：知识转化　SECI 模型　核转化元　核心能力　结构方程模型

Abstract

American famous manager Peter Deruk reclaim: the knowledge is not the parallel capital with the human capital, resource and the earth, but the only decisive one in the new economic system.

The knowledge management is the forefront theme of management sciences in the 21cn, and is a kind of important management method of modern enterprise, and is the change hallmarks from traditional economy to modern economy. Knowledge theory reclaims that the competition of modern enterprise is the competition of core competence in essence, and the knowledge capital is the resource of core competence, and the knowledge management is the valid method to foster core competence, so there is natural integration between knowledge management and core competence.

Knowledge transferring is the core ontent of knowledge management, and takes a great role for the improvement of core competence. This book has constructed the relevance research model between knowledge transferring and core competence improvement, then finished the measure system design, evaluation and amendment of knowledge transferring and core competence improvement. We may take empirical certification for theory model through the detailed data survey of knowledge transferring and core competence improvement and by SEM and its certification tools, which may disclose the advantage and disadvantage of knowledge transferring in the process of core competence improvement and provide actual theory reference for our enterprise to strengthen the knowledge transferring and improve the core competence.

The first chapter introduces the theory background of thesis topic, and points out the actual significance of correlation research between knowledge transferring and core competence, then describes the research shortcoming to put forward the research content, and design the methodology and summarize the research framework.

The second chapter describes the theory background, history and trends of knowledge management theory and core competence formation, and summarize the knowledge transferring theory and core competence structure theory, and focus on the correlation theory between knowledge transferring and core competence formation, then give a brief overview and comments for all theory to provide a reliable theory platform for the construct of theory model.

The third chapter is to construct research model and provide research assumptions, which analysis the functions of knowledge Socialization, Externalization, Combination and Internalization in the improvement process of management ability, technique ability, market ability and integration ability in order to construct the research model and provide the research assumption.

The forth chapter is the measure system research of knowledge transferring, which constructs the measure model of knowledge transferring by the SECI model and with the core transferring cell, and give the real contents for measure system according to practical experience of knowledge transferring activity to construct the scientific measure system of knowledge transferring, which may provide explanation variables system for theory model certification.

The fifth chapter is the measure model research of core competence formation, which constructs the static measure system of core competence according to the research of structure analysis of core competence and by means of practical experience, then constructs the dynamic measure system of core competence formation, and finally build the application measure system of core competence formation.

The sixth chapter is the application and amendment of measure model, which amends and evalutes the theory measure model of knowledge transferring and core competence formation based on the general principles of measure model exploration and accurate data sample and by means of some statistical analysis method such as exploratory factor analysis and confirmatory factor analysis to provide scientific variables system for model certification.

The seventh chapter is the core contents of this book, which certifies the correlation model between knowledge transferring and core competence formation based on the sample data and by the SEM to disclose the micro mechanism of knowledge transferring in the process of core competence formation, while disclose the differences of knowledge transferring effects between eastern and western enterprise, which may provides actual theory reference for our enterprise to strengthern the knowledge transferring and improve the core competence.

The eighth chapter certifies the star – hotel sample by the correlation model of knowledge transferring and core competence formation, and discloses the micro function of knowledge transferring in the process of core competence formation, which may provide actual theory reference for our star – hotel to realize the knowledge transferring and improve core competence and may certify the application value of this model.

The ninth chapter is the conclusion and prospects, which briefly summarizes the research results of this book and puts forward the innovation points, including that constructing the research model of correlation between knowledge transferring and core competence formation and certifying this model, while comparing the certification result between eastern enterprises and western enterprises, which may provide reliable theory reference for our enterprises to improve knowledge transferring and core competence and cut short down the actual distance of core competence between eastern and western enterprises.

Keywords: Knowledge Transferring; SECI Model; Core Transferring Cell; Core Ability; Structure Equation Model

目 录

1 绪论 ………………………………………………… (1)
　1.1 选题背景和研究意义 ………………………… (1)
　　1.1.1 选题背景 ………………………………… (1)
　　1.1.2 研究意义 ………………………………… (3)
　1.2 国内外研究的现状及存在的问题 …………… (5)
　　1.2.1 研究的现状分析 ………………………… (5)
　　1.2.2 目前研究中存在的问题 ………………… (11)
　1.3 研究内容、研究方法及研究框架 …………… (12)
　　1.3.1 研究内容 ………………………………… (12)
　　1.3.2 研究方法 ………………………………… (14)
　　1.3.3 研究框架 ………………………………… (15)

2 相关研究的理论综述 …………………………… (18)
　2.1 知识管理理论 ………………………………… (18)
　　2.1.1 知识管理的内涵 ………………………… (18)
　　2.1.2 知识管理的阶段 ………………………… (19)
　　2.1.3 知识管理的模式 ………………………… (20)
　　2.1.4 知识管理的对象——知识资本 ………… (21)
　　2.1.5 知识管理的功能 ………………………… (23)
　2.2 核心能力理论 ………………………………… (24)
　　2.2.1 核心能力的内涵 ………………………… (24)

2.2.2 核心能力的特征 …………………………………… (25)
  2.2.3 核心能力的功能 …………………………………… (25)
  2.2.4 核心能力的源泉 …………………………………… (26)
  2.2.5 核心能力理论的发展 ……………………………… (26)
 2.3 知识转化理论 …………………………………………… (28)
  2.3.1 知识转化在知识管理中的核心性地位 …………… (28)
  2.3.2 隐性知识与显性知识 ……………………………… (29)
  2.3.3 SECI 模型 …………………………………………… (31)
  2.3.4 知识转化的环境 …………………………………… (34)
 2.4 核心能力结构理论 ……………………………………… (35)
 2.5 文献评述 ………………………………………………… (38)
  2.5.1 知识管理理论与知识转化理论评述 ……………… (38)
  2.5.2 核心能力理论与核心能力结构理论评述 ………… (39)
  2.5.3 知识管理与核心能力的交汇性研究评述 ………… (40)

3 研究模型的构建与研究假设的提出 ……………………… (42)
 3.1 基础理论分析 …………………………………………… (42)
  3.1.1 知识转化与核心能力相关性的理论分析 ………… (42)
  3.1.2 知识转化体系的解析 ……………………………… (45)
  3.1.3 核心能力形成体系的解析 ………………………… (46)
 3.2 研究假设的理论分析 …………………………………… (46)
  3.2.1 社会化与核心能力形成 …………………………… (47)
  3.2.2 外显化与核心能力形成 …………………………… (48)
  3.2.3 组合化与核心能力形成 …………………………… (50)
  3.2.4 内隐化与核心能力形成 …………………………… (51)
  3.2.5 研究假设的简短总结 ……………………………… (53)
 3.3 研究模型的构建与研究假设的提出 …………………… (54)
  3.3.1 研究模型的构建 …………………………………… (54)
  3.3.2 研究假设的提出 …………………………………… (55)
 3.4 模型验证方法——结构方程模型 ……………………… (55)

3.4.1　结构方程模型的概念 …………………………………… (55)
　　3.4.2　结构方程的验证过程 …………………………………… (57)
　　3.4.3　结构方程的指数评价体系 ……………………………… (58)
本章小结 ……………………………………………………………… (60)

4　知识转化的量表模型研究 ……………………………………………… (61)
　4.1　知识转化量表设计的理论基础 …………………………………… (61)
　　4.1.1　预备概念的提出 …………………………………………… (61)
　　4.1.2　知识转化量表模型的设计思路 …………………………… (63)
　4.2　知识转化模型的分析与细化 ……………………………………… (64)
　　4.2.1　模型分析 …………………………………………………… (64)
　　4.2.2　模型细化 …………………………………………………… (72)
　4.3　知识转化测度量表的构建 ………………………………………… (75)
　　4.3.1　量表构建的思想 …………………………………………… (75)
　　4.3.2　量表构建的内容 …………………………………………… (77)
　本章小结 ……………………………………………………………… (80)

5　核心能力形成的量表模型研究 ………………………………………… (81)
　5.1　核心能力形成量表设计的理论基础 ……………………………… (81)
　　5.1.1　量表设计的思路 …………………………………………… (82)
　　5.1.2　量表设计分析 ……………………………………………… (83)
　5.2　核心能力形成量表模型的设计过程 ……………………………… (90)
　　5.2.1　静态结构模型设计 ………………………………………… (90)
　　5.2.2　动态结构模型设计 ………………………………………… (90)
　　5.2.3　测度量表模型设计 ………………………………………… (90)
　本章小结 ……………………………………………………………… (94)

6　量表模型的检验与修正 ………………………………………………… (96)
　6.1　初始研究模型的确立 ……………………………………………… (96)
　　6.1.1　外源潜变量测量方程的确立 ……………………………… (96)

        6.1.2 内生潜变量测量方程的确立 ……………………… (97)
        6.1.3 结构方程的确立 …………………………………… (98)
        6.1.4 测量方程的识别 …………………………………… (99)
    6.2 量表开发的一般方法 ……………………………………… (100)
        6.2.1 量表设计路线 ……………………………………… (100)
        6.2.2 量表设计的基本原则 ……………………………… (102)
        6.2.3 量表正式调研前的评价与修正 …………………… (103)
        6.2.4 正式调研样本的选取背景 ………………………… (103)
        6.2.5 正式量表的评价与修正 …………………………… (104)
    6.3 知识转化量表的检验与修正 ……………………………… (106)
        6.3.1 问卷前测 …………………………………………… (107)
        6.3.2 问卷试测 …………………………………………… (108)
        6.3.3 数据收集 …………………………………………… (108)
        6.3.4 单构面尺度检验 …………………………………… (113)
        6.3.5 信度检验 …………………………………………… (117)
        6.3.6 收敛效度检验 ……………………………………… (120)
    6.4 核心能力形成量表的检验与修正 ………………………… (131)
        6.4.1 问卷前测 …………………………………………… (131)
        6.4.2 问卷试测 …………………………………………… (132)
        6.4.3 数据收集 …………………………………………… (132)
        6.4.4 单构面尺度检验 …………………………………… (133)
        6.4.5 信度检验 …………………………………………… (134)
        6.4.6 收敛效度检验 ……………………………………… (135)
    6.5 修正后的量表总结 ………………………………………… (138)
    本章小结 …………………………………………………………… (140)

7 实证研究结果及分析 ………………………………………………… (141)
    7.1 研究模型解析 ……………………………………………… (141)
        7.1.1 外源潜变量测量方程解析 ………………………… (141)
        7.1.2 内生潜变量测量方程解析 ………………………… (143)

7.1.3　结构方程解析与识别 ……………………………… (144)
　7.2　样本模型验证及分析 ……………………………………… (146)
　　　7.2.1　总体样本模型检验 ………………………………… (146)
　　　7.2.2　东部地区样本模型检验 …………………………… (149)
　　　7.2.3　西部地区样本模型检验 …………………………… (151)
　　　7.2.4　验证结果分析 ……………………………………… (153)
　7.3　结构方程模型参数比较分析 ……………………………… (162)
　本章小结 …………………………………………………………… (167)

8　知识转化与核心能力形成的相关性模型在我国星级酒店业中的应用研究 ……………………………………… (168)
　8.1　我国星级酒店业的知识资本管理的现实意义 …………… (169)
　8.2　我国星级酒店业知识转化体系的设计 …………………… (170)
　8.3　我国星级酒店业核心能力形成体系的设计 ……………… (173)
　8.4　模型检验 …………………………………………………… (177)
　　　8.4.1　研究假设的提出 …………………………………… (177)
　　　8.4.2　数据收集与效度检验 ……………………………… (177)
　　　8.4.3　模型检验 …………………………………………… (179)
　8.5　结论分析 …………………………………………………… (180)
　本章小结 …………………………………………………………… (183)

9　结论与展望 …………………………………………………… (184)
　9.1　研究工作总结 ……………………………………………… (184)
　9.2　研究的创新点 ……………………………………………… (187)
　9.3　研究的局限性 ……………………………………………… (188)
　9.4　进一步研究的建议与展望 ………………………………… (190)

参考文献 ……………………………………………………………… (193)

附录 …………………………………………………………………… (206)

表目录

表1-1　重要学术刊物论文统计 …………………………………（6）
表3-1　研究假设 …………………………………………………（55）
表3-2　绝对拟合指数标准值 ……………………………………（59）
表4-1　社会化知识跃迁 …………………………………………（65）
表4-2　外显化知识跃迁 …………………………………………（67）
表4-3　组合化知识跃迁 …………………………………………（69）
表4-4　内隐化知识跃迁 …………………………………………（71）
表4-5　社会化知识跃迁简表 ……………………………………（72）
表4-6　外显化知识跃迁简表 ……………………………………（73）
表4-7　组合化知识跃迁简表 ……………………………………（73）
表4-8　内隐化知识跃迁简表 ……………………………………（74）
表4-9　知识社会化测度量表 ……………………………………（77）
表4-10　知识外显化测度量表 ……………………………………（78）
表4-11　知识组合化测度量表 ……………………………………（79）
表4-12　知识内隐化测度量表 ……………………………………（79）
表5-1　核心能力形成静态结构模型 ……………………………（91）
表5-2　核心能力形成动态结构模型 ……………………………（92）
表5-3　核心能力形成测度量表 …………………………………（93）
表6-1　验证性因子模型的识别准则 ……………………………（99）
表6-2　受访者特征说明 …………………………………………（112）
表6-3　受访企业特征说明 ………………………………………（112）

表6-4　知识社会化测度量表 KMO 检验和 Bartlett 检验 ……（114）
表6-5　知识社会化测度量表探索性因子分析结果 ………（114）
表6-6　知识组合化测度量表 KMO 检验和 Bartlett 检验 ……（115）
表6-7　知识组合化测度量表探索性因子分析结果 ………（115）
表6-8　知识内隐化测度量表 KMO 检验和 Bartlett 检验 ……（116）
表6-9　知识内隐化测度量表探索性因子分析结果 ………（117）
表6-10　知识社会化测度量表信度分析结果 ……………（118）
表6-11　知识组合化测度量表信度分析结果 ……………（119）
表6-12　知识内隐化测度量表信度分析结果 ……………（119）
表6-13　知识社会化测度量表收敛效度检验
　　　　（一级验证性因子分析） ……………………（121）
表6-14　知识社会化测度量表收敛效度检验
　　　　（二级验证性因子分析） ……………………（123）
表6-15　知识组合化测度量表收敛效度检验
　　　　（一级验证性因子分析） ……………………（125）
表6-16　知识组合化测度量表收敛效度检验
　　　　（二级验证性因子分析） ……………………（126）
表6-17　知识内隐化测度量表收敛效度检验
　　　　（一级验证性因子分析） ……………………（129）
表6-18　知识内隐化测度量表收敛效度检验
　　　　（二级验证性因子分析） ……………………（130）
表6-19　核心能力形成测度量表 KMO 检验和
　　　　Bartlett 检验 …………………………………（133）
表6-20　核心能力形成测度量表探索性因子分析结果 ……（133）
表6-21　核心能力形成测度量表信度分析结果 ……………（135）
表6-22　核心能力形成测度量表收敛效度检验
　　　　（一级验证性因子分析） ……………………（137）
表6-23　知识转化最终测度量表 ……………………………（139）
表6-24　核心能力形成最终测度量表 ………………………（139）
表7-1　因果模型的识别准则 ………………………………（145）

表 7-2	总体样本模型拟合优度指标	(148)
表 7-3	东部地区模型拟合优度指标	(150)
表 7-4	西部地区模型拟合优度指标	(153)
表 7-5	模型参数对比分析	(163)
表 7-6	模型检验比较结果	(164)
表 8-1	假设检验	(178)
表 8-2	验证结果	(179)
表 8-3	拟合指数列表	(180)

图目录

图1-1 知识理论与核心能力理论研究路径 …………… (10)
图1-2 研究框架 …………………………………………… (16)
图3-1 研究模型 …………………………………………… (54)
图4-1 模型因子结构 ……………………………………… (75)
图6-1 量表开发路线 ……………………………………… (101)
图6-2 东部地区原始样本分布 …………………………… (109)
图6-3 西部地区原始样本分布 …………………………… (110)
图6-4 东部地区有效样本分布 …………………………… (111)
图6-5 西部地区有效样本分布 …………………………… (111)
图6-6 东部地区样本知识社会化测度量表验证性
　　　因子分析结构模型（一级） ……………………… (121)
图6-7 东部地区样本知识社会化测度量表验证性
　　　因子分析结构模型（二级） ……………………… (123)
图6-8 东部地区样本知识组合化测度量表验证性
　　　因子分析结构模型（一级） ……………………… (125)
图6-9 东部地区样本知识组合化测度量表验证性
　　　因子分析结构模型（二级） ……………………… (127)
图6-10 东部地区样本知识内隐化测度量表验证性
　　　　因子分析结构模型（一级） ……………………… (128)
图6-11 东部地区样本知识内隐化测度量表验证性
　　　　因子分析结构模型（二级） ……………………… (130)

图6-12 东部地区样本核心能力形成测度量表验证性
       因子分析结构模型（一级）……………………（136）
图6-13 西部地区样本核心能力形成测度量表验证性
       因子分析结构模型（一级）……………………（137）
图7-1 总体样本模型结构参数………………………………（147）
图7-2 东部地区模型结构参数………………………………（149）
图7-3 西部地区模型结构参数………………………………（152）
图9-1 研究理论区域…………………………………………（185）

1 绪 论

20世纪50年代末期,著名管理学家彼得·F.德鲁克根据社会劳动力结构变化的趋势分析,曾预言:"知识劳动者"必将取代"体力劳动者"成为社会劳动力的主体。半个世纪之后,德鲁克的预言变成了现实,知识资本已成为现代企业最重要的资产和资源。

目前,知识管理实践在世界范围内越来越受到重视和加强,许多企业构建起自己的知识管理系统,努力提高对组织内部已有知识的应用效率。据估计,经济合作与发展组织(OECD)成员国GDP的50%以上是以知识为基础的,OECD投入研究与发展的费用已占国民生产总值的2.3%,教育经费已占OECD成员国政府支出的12%,与职业培训的投入合计共占GDP的2.5%。因此,对于我国企业而言,如何在知识经济时代大力提高知识管理的效率、充分挖掘知识资本的价值,从而大幅度地提高我国企业的核心竞争能力,是企业管理层所面对的一个严峻问题。

1.1 选题背景和研究意义

1.1.1 选题背景

知识经济的悄然兴起是一场无声的革命,它对未来社会和经济将具有全面的影响。在知识经济时代,我们的生产方式、生活方式、教育方式、思维方式和决策方式都将发生重大变化。知识经济将彻底改变传统工业经济社会人们处理问题的方式,使企业进入一个管理的新时代。

美国管理学大师彼得·德鲁克指出：在新的经济体系内，知识并不是和人才、资本、土地并列为制造资源之一，而是唯一有意义的资源。对知识资本的研究是对人力资本研究的深化和扩展。随着知识经济时代的成熟，知识资本将逐渐取代实物资本成为现代企业价值增值的源泉。

在工业经济时代，生产的三要素是资本、劳动和土地，而在知识经济时代，知识已成为生产最重要的要素，知识作为生产要素的地位也空前提高。专家们预言，随着全球信息高速公路的全面开通，知识对经济增长的贡献率可能由20世纪初的5%—20%提高到21世纪初的80%。因此，随着知识在经济发展中的作用越来越大，知识管理在管理中已经被摆在首要地位。Cummings（2003）认为：知识管理的核心是将个人知识转化为组织知识，使组织知识的存量不断增长，以避免过度依赖可能流失的个人知识。这就需要把个人知识持续地转化为组织知识，以构筑优于竞争对手的知识资本和能力。

2001年10月，School和Heisig在《德菲尔研究——知识管理的未来》一文中对欧洲知识管理研究的状况和从事知识管理的企业进行了调查，结果显示，不论是从事知识管理理论研究的学者，还是知识管理的实践企业，都认为知识转化是知识管理研究中最重要的问题（Drucker，2000）。

Nonaka和Takeuchi（1995）在对大量日本企业进行研究后总结道："日本企业的成功来源于组织中持续不断的知识转化。"Nonaka（1991）指出，在知识转化的几个阶段运用不同的策略加速知识转化的进程就可以提高企业的经营绩效。如在社会化阶段提倡"走动"学习，在外显化阶段促进"对话"交流，在组合化阶段致力于收集、传播、编辑知识，以及在内隐化阶段进行实践交流。

在所有的知识管理活动中，知识转化具有突出性的优势地位，在知识管理的理论界和实践界逐渐受到高度重视（夏书章，2003）。知识转化主体实施知识转化的具体目标是通过知识转化活动把知识资本转化为组织的竞争力、智力资产、创新能力、效率、质量、顾客满意度、雇员忠诚度和品牌等战略产出,这是现阶段我国企业知识管理所面临的巨大挑战。因此,如果仅仅把知识管理局限于知识的获取、组织、存储、交流等活动,那么知识管理的价值和重要性就大打折扣。

知识转化活动是知识管理高级阶段的一种重要形式,是知识管理研究领域的一个热点问题(项国鹏,2001)。知识转化是知识共享和知识创新的基础和前提,而同时又是知识初级管理活动的直接演化目标,在整个知识管理活动中具有枢纽性的地位,主导着整个知识管理活动的成败。在国内外知识管理的研究成果中,有关知识转化的研究占有至少一半的分量。可见,知识转化在知识管理中占据着举足轻重的地位,是现阶段知识管理研究的核心内容之一,也是知识管理的实践领域所关注的焦点,是实现企业知识管理战略的重要手段。

企业知识资本的两种基本形态是隐性知识和显性知识,知识转化就是指知识资本在这两种知识形态之间以及两种形态内部的转化。知识转化的研究者一致认为,正是在这种循环往复的知识形态变迁过程中,企业的核心能力得以形成。也就是说,对于企业核心能力的形成,知识转化活动具有突出的功能性作用,占据知识管理过程中任何一种知识活动所无法比拟的地位和优势。

1.1.2 研究意义

Howells(1996)认为:知识管理是一个前沿的管理学概念,而知识管理活动却是一项古老的企业行为。事实上,我国目前的企业活动中存在大量的知识管理行为,这些行为有些是有意识向知识管理活动靠拢,有些是无意识的知识行为。过去一段时间内,尽管我国大多数企业没有主动地开展知识管理活动,也没有为此设立专门的知识管理机构、任命专业的知识管理负责人员、制定专项的知识管理规范,但是知识管理活动在我国企业管理活动中却时刻在产生着作用,促进着企业核心竞争优势的形成与可持续发展的实现。

目前,知识管理在我国企业管理活动中日益得到重视并迅速开展起来,逐渐取得了一定的成效。许多企业积极地实施知识管理战略,根据本企业知识资本的现状,充分地借鉴国外企业知识管理的经验，制定了一系列科学的知识管理策略，使知识管理成为现代企业管理的一项重要内容。其实，作为一项古老的企业行为，知识管理在我国企业中也早已存在，而知识管理战略的实施可以对自发的、凌乱的、分割的知识管理活动进行系统化的指导，从而提高了知识管理的效率。

总体上看来，我国企业的知识管理绩效并未取得实质性的进展，与西方发达国家相比尚有较大的差距。目前，我国许多企业并不缺乏知识资本，而是没有深刻地认识到知识资本的价值，没有合理地运用有效的知识管理策略促进知识资本的转化，从而造成知识资本的浪费。并且，长期以来，我国企业的知识管理主要针对显性知识，而将隐性知识排除在管理范畴之外，忽略了隐性知识和显性知识的相互转化以及隐性知识内部的知识转化的功能和作用，使企业知识资本成为相互独立和各自封闭的知识孤岛，致使知识资本对企业发展的激励性功能遭到严重的削弱。因此，我国企业知识管理中存在的主要问题是缺乏对知识管理微观传导路径机理的理解和分析，从而无法有针对性地加强必要的知识管理行为，使知识管理系统陷于停滞或紊乱，最终导致知识管理的目标不能够充分实现。

知识转化是知识管理的重要内容，是提高知识管理效率的一个重要影响因素，而在我国企业知识管理领域并未得到开拓性的发展。对于知识转化行为，从实施角度来分析，我国企业可分为三种类型：第一类企业是根本没有认识到知识转化在知识管理活动中的重要性，导致知识转化的实施无从谈起；第二类企业是认识到知识转化的重要作用，但没有结合企业的实际环境积极地实施知识转化行为，或者在实施过程中遭到挫折或者失败，从而不能实现知识转化的最终目标；第三类企业是积极地实施了知识转化行为并取得了一定的成效。根据目前我国企业知识管理或知识转化的现状分析，第一、二类企业仍居于多数地位，第三类企业虽然存在一定的数量，但在我国企业总体中并未占据主体性地位，因此，我国企业的知识转化行为还存在着较大的价值拓展空间。

本书根据我国企业知识转化行为和核心能力形成的经验性数据调

查，对知识转化与核心能力形成的相关性进行现实性的数据检验，揭示了知识转化行为在核心能力培育过程中的微观传导机理，进而可以深入地挖掘知识转化对核心能力形成的潜在性激励功能，从而为我国企业进一步开展与实施知识转化战略、大力培育企业的核心能力提供了可靠的理论借鉴。

1.2 国内外研究的现状及存在的问题

1.2.1 研究的现状分析

知识转化与核心能力形成的相关性研究是目前知识理论研究的热点问题，在实践领域也引起企业界的高度重视。在本质上，知识转化与核心能力形成的相关性研究是知识管理研究发展过程中的一个阶段，是知识理论向实践领域扩展研究的结果。

知识管理的研究兴起于20世纪90年代，首先在西方发达国家获得了快速发展，而我国学术界知识管理的研究迄今不足十年，然而在极短时间内却迅速上升为国内管理理论领域和实践领域共同关注的一个重要目标。根据知识理论的内涵，知识管理的基本功能和首要目标是提高企业的核心能力，因此，在国内外知识管理研究过程中，知识管理的研究与核心能力的研究存在着天然的融合性，始终交织在一起。可以认为，知识管理的研究脉络就是以知识管理为手段、以核心能力的培育为目标的系统性理论体系的发展历程。

表1-1总结了自2010年以来我国国内19种经济学、管理学权威期刊在知识管理研究方面的载文数量，能够从一个侧面反映出知识管理研究在我国学术界的重视程度。其中，核心能力的研究成果仅统计与知识管理相关的核心能力方面的研究论文。这19种期刊基本上代表了我国经济理论与管理理论研究的主流方向，它们是：《经济研究》《经济学动态》《科研管理》《研究与发展管理》《情报学报》《中国软科学》《南开管理评论》《科学学研究》《管理评论》《中国管理科学》《管理科学学报》《管理工程学报》《科学管理研究》《科技管理研究》《预测》《系统工程》《外国经济与管理》《科学学与科

学技术管理》《管理世界》。

表1-1　　　　　　　　重要学术刊物论文统计

Table 1-1　　The important article statistics　　　单位：篇

年份 类别	2010	2011	2012	2013	2014	2015	2016	2017
知识管理	39	39	58	58	77	81	87	86
核心能力	22	51	47	59	47	61	71	81
总计	61	90	105	117	124	142	158	167

综合国内外的研究成果，知识管理与核心能力的相关性研究可以分为如下六个阶段：

（1）对知识资本与核心能力的认识阶段

这一阶段的主要研究目标是探讨了知识资本与核心能力的定义、内涵、结构、测度、分类、构成要素等方面的内容，是知识理论与核心能力理论的初期发展阶段。在这一研究阶段中，知识理论的研究与核心能力的研究基本上是分割的，处于一种并行状态。

宋远方（2003）研究了知识管理与核心能力的培育；王科、姚志坚（1999），李东红（1999），邹海林（1999），严勇（1999），徐康宁等（2001），李晏墅、陈晓东（2003），魏江（2004）研究了知识管理背景下核心竞争力的兴起、特征、观点、学术流派；蔡宁、阮刚辉（2002），胡恩华、单红梅、陈燕（2004），季玉群等（2004），丁伟斌等（2005）研究了知识管理背景下企业核心能力的识别系统及评价系统。

顾乃康（1997），胡汉辉、沈群红（1998），戚永红、宝贡敏（2003），戚啸艳（2004），蒋日富、霍国庆、郭传杰（2005）研究了知识理论的内容、结构、起源、特征、本质、运用、发展趋势、理论流派、理论意义以及在中国的发展前景；施勤芬、吴祖麟、赵康（2003）重点研究了知识资本中的隐性知识内涵、外延、分类、管理现状、转化过程；钟会波（2006）从古典核心古典经济学的角度研究了知识资本的配置、供求与均衡问题；张建华（1997），高东明（2006）从熊彼特创新理论的角度对知识理论和核心能力理论的理论渊源进行了探索；胡炳志（1996），梁琦（1999），李勇坚（2002）从内生增长理论的角度对知识理论与核心能力理论进行了分析；邹国庆、于桂兰（2004），苏树厚、徐刘芬（2006）通过对古典企业理论和现代企业理论的对比分析来寻求核心能力理论的渊源。

（2）知识管理与核心能力的相关性的理论探讨阶段

随着知识理论的发展，知识管理在核心能力形成过程中的决定性作用逐渐被理论界所认识，并受到广泛的关注。因此，知识管理、知识共享、知识转化等知识活动与企业核心能力的相关性探讨逐渐进入人们的视野，同时，知识环境下核心能力形成的机理性探讨，以及知识资本与企业绩效的相关性探讨也属于这一阶段的研究内容。

常荔、邹珊刚（2000），盛小平（2007），许方球、刘洪德（2009），储节旺、郭春侠（2010）从理论上研究了知识管理活动与企业核心能力形成的机理、路径、动力、实施策略及相关性；田圣海、许以帆（2006），牛东晓、李沁（2009），李玉梅、杨静（2009），陈瑞琦（2010）研究了知识管理活动中的知识共享与核心能力塑造的相关性；胡汉辉、潘安成（2006），赵万明（2010），张义民、韩文（2017）研究了知识管理活动中的知识转移与核心能力形成的路径机理。

（3）知识管理与核心能力的相关性实证研究阶段

知识管理与核心能力相关性的理论认识必然导致知识管理与核心能力相关性的实证研究的出现，但是，由于受到各种研究方法的限制和理论认识的局限性，这一阶段的相关性实证研究仅停留在一种概括性的阶段，没有能够有效地抽取知识管理与核心能力的核心内容来进行相应的实证分析。在国内，张炳发、万威武（2003）对知识资本投资与企业绩效的相关性实证研究标志着这一研究阶段的开始。

（4）核心能力导向下的知识管理微观机理研究阶段

在这一阶段，知识管理在核心能力形成路径上的决定性作用已在理论界和实践界达成共识，但是，在核心能力形成过程中知识管理的微观运作机理仍旧处于一种"黑箱"状态,没有被人们清晰地认识和深刻地把握,因此,对知识管理微观路径机理的解析随即成为知识理论的重点研究方向。

朱祖平(2000),吴晓波、刘青华(2002),秦世亮、万威武、朱莉欣(2004),徐福缘(2004),王德胜、张召花(2009),杨静(2009)研究了知识管理的基本要素、外部环境、综合模型、总体架构、实施过程、实现技术与工具和发展趋势;王开明、万君康(2000),刘常勇、谢洪明(2003),周晓东、项保华(2003),徐金发、许强、顾惊雷(2003),戴俊、朱小梅、盛昭瀚(2004),谢荷锋、水常青(2006),谭大鹏、霍国庆(2006),徐建中、荆玲玲(2008),崔勇(2010)研究了知识资本在企业内部的转移标志、路径、动因、黏滞性、模式、影响因素、转化机制、情境因素、保障因素、效果评价、激励制度、实现机制、主体特征及案例分析;马国庆等(2006),陈搏、王苏生(2009)研究了复杂适应系统中个体知识转移的影响因素;戴俊、朱小梅(2005),孙悦、李海刚(2006),覃荔荔、王道平(2011)研究了团队的知识交流、知识转化机制等知识活动;王如富、徐金发(2000)研究了知识管理的组织基础;耿新(2003),赵涛、曾金平(2005)研究了SECI模型的机理、缺陷、扩展模型和应用价值;王兆祥(2006)研究了知识转移的层次模型;李作学、齐艳霞(2003),张庆普、李志超(2003),朱方伟、王永强、武春友(2006),梁启华、余光胜(2006),余光胜、刘卫、唐郁(2006),张晓燕、李元旭(2007),徐建中、朱美荣(2011)研究了隐性知识的作用、障碍因素、内在激励、管理机制、生成机理;李翠娟、宣国良(2006),张旭梅、朱庆(2007)将供应链理论引入知识管理框架;薛求知、关涛(2010)研究了跨国公司之间知识转移的特性与工具;赵雪松(2006)等研究了师徒模式下隐性知识共享的障碍及解决方案。

(5)微观知识管理行为与核心能力形成的相关性实证研究阶段

在对知识管理微观路径机理解析的基础上,局部性的知识管理行为与核心能力形成的相关性研究开始被学术界所关注。因此,理论界借助于知识管理活动的现实性数据,对各种知识活动在核心能力形成过程中的微观激励性效应进行了实证检验,取得了一系列进展。在这一阶段,由于各种知识管理活动与核心能力的测度方法已日趋成熟,因此,大多数研究论文直接对知识管理与核心能力的相关性进行实证检验,而不再运用企业绩效作为核心能力的替换变量。

董小英、蒋贵凰、刘倩倩(2006),刘阳、王前(2009),刘金涛(2017)对知识管理与提升企业创新能力的相关性进行了实证研究;韩维贺、李浩、仲秋雁(2006),洪江涛、杨晓雁(2013)对我国企业知识管理与核心能力形成进行了实证分析;魏江、王铜安(2006),曾翠、盛小平(2010),易凌峰、欧阳硕(2015)对个体、群组、组织间知识转移影响因素进行了实证研究;芮明杰、陈晓静(2006),李艳艳、谢阳群(2012)对隐性知识创新与核心竞争力形成的相关性进行了实证研究;谢洪明等(2007)对知识学习与核心能力形成的机制与路径进行了实证研究。

(6)行业或区域的知识管理与核心能力的相关性研究阶段

知识管理与核心能力相关性的未来研究方向目前已经有所显露,就是在现有理论与方法的指导下,将某一行业或区域的样本研究纳入成熟的研究框架,深入地进行行业或区域的知识管理的探讨,以提高该行业或区域的知识管理能力。虽然这一研究方向目前处于探索阶段,尚未进入成熟状态,但毕竟取得了一些进展。

王莉芬(2010)研究了知识管理在大学核心竞争力提升中的作用;马鹏、王天佑(2008),张威、马鹏(2009)解析了酒店业知识管理对企业核心竞争力的促进路径;李沁(2009)研究了电力企业知识管理对核心竞争力的促进机理,并提出了知识管理的改进策略;杨江平(2010),陈彩红(2010),刘淑玲(2011),姚晨璐、李永先(2013)分析了高校图书馆知识管理对核心竞争力的影响,认为知识资源开发是提升高校图书馆核心能力的基础;杨霞(2010)研究了知识管理下图书馆核心竞争力的模式及构建问题;马宁、陈利叶(2009)构建了知识管理对高新技术行业核心竞争力的促进模型;储节旺、郭春侠(2011)研究了知识管理对高新技术企业核心竞争力的促进机理。

因此，知识转化与核心能力相关性研究的形成路径如图1-1所示，而本书研究的重点仍属于第五阶段的研究范围。

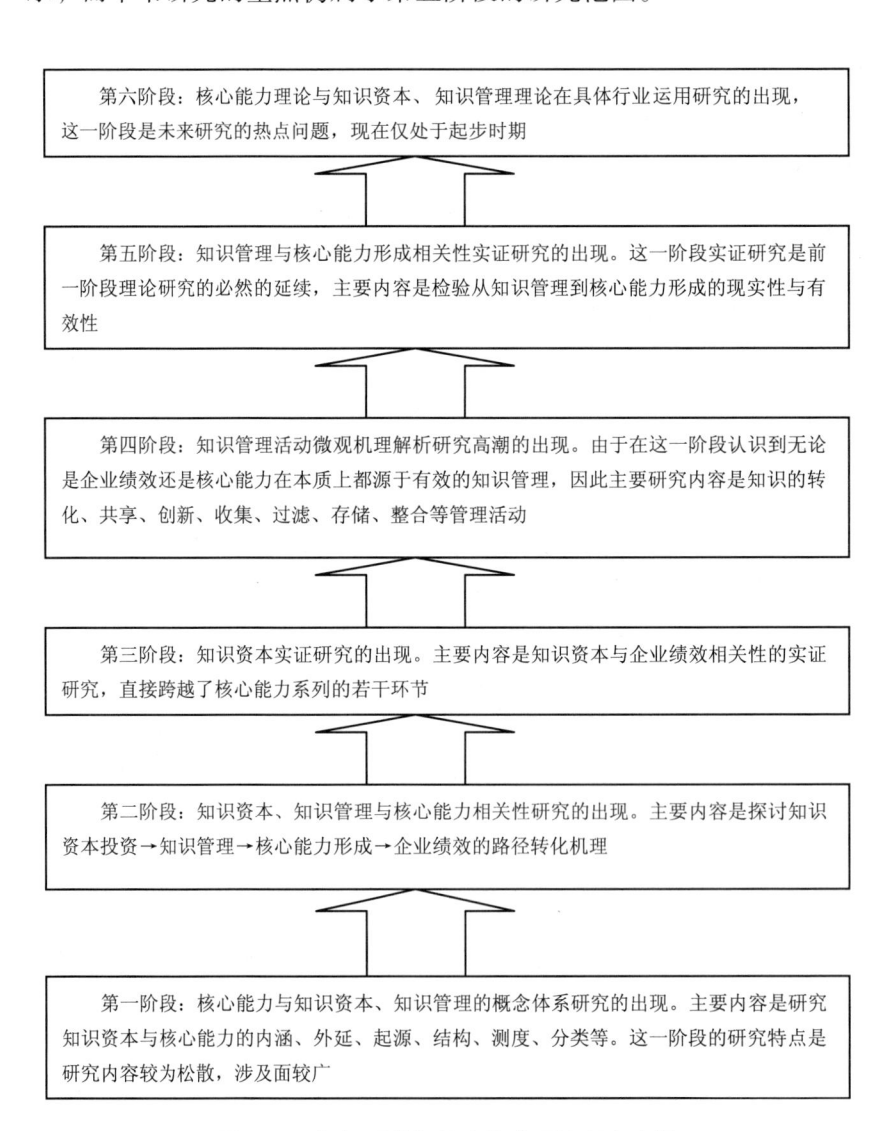

第六阶段：核心能力理论与知识资本、知识管理理论在具体行业运用研究的出现，这一阶段是未来研究的热点问题，现在仅处于起步时期

↑

第五阶段：知识管理与核心能力形成相关性实证研究的出现。这一阶段实证研究是前一阶段理论研究的必然的延续，主要内容是检验从知识管理到核心能力形成的现实性与有效性

↑

第四阶段：知识管理活动微观机理解析研究高潮的出现。由于在这一阶段认识到无论是企业绩效还是核心能力在本质上都源于有效的知识管理，因此主要研究内容是知识的转化、共享、创新、收集、过滤、存储、整合等管理活动

↑

第三阶段：知识资本实证研究的出现。主要内容是知识资本与企业绩效相关性的实证研究，直接跨越了核心能力系列的若干环节

↑

第二阶段：知识资本、知识管理与核心能力相关性研究的出现。主要内容是探讨知识资本投资→知识管理→核心能力形成→企业绩效的路径转化机理

↑

第一阶段：核心能力与知识资本、知识管理的概念体系研究的出现。主要内容是研究知识资本与核心能力的内涵、外延、起源、结构、测度、分类等。这一阶段的研究特点是研究内容较为松散，涉及面较广

图 1-1 知识理论与核心能力理论研究路径

Fig. 1-1　Research trait on both knowledge management theory and corecompetence theory

1.2.2 目前研究中存在的问题

知识管理与核心能力的相关性研究目前已进入实证性研究阶段，近年来相继涌现了大批研究成果，这一研究阶段的主要特点是运用知识管理与核心能力的相关性理论模型，通过企业知识活动的数据调查，对若干理论假设进行经验性的检验，从而实现对知识管理实践的指导。但是，由于受到各种条件的限制，目前研究中还存在如下若干问题：

（1）知识管理环节选择的非科学性

知识管理在核心能力形成过程中具有至关重要的影响，这一点在知识管理研究领域已无可非议。但是，根据知识链理论，知识管理包括许多环节，如知识收集、知识分类、知识存储、知识过滤、知识转化、知识共享、知识创新等，显然，这些知识管理环节在核心能力形成过程中的作用是不同的，并且随着企业环境的变化而不断更迭和调整。因此，根据特定的企业环境，合理地抽取关键性的知识管理环节，与核心能力进行相关性实证研究，才具有科学性的现实意义。

（2）知识管理体系与核心能力体系设计的非合理性

实证性研究必然涉及自变量和因变量测度指标体系的设计，因此，知识管理框架下的各种知识管理行为的测度体系设计以及核心能力测度体系设计便成为成功地实现实证性研究所必备的前提条件，自变量与因变量测度指标体系设计的非合理性必然导致实证研究结论的偏差，形成对知识管理行为若干理论假设的错误判断，从而失去对现实性知识管理实践的指导意义。

（3）知识转化测度的非全面性

知识转化在知识管理中的重要性已逐渐为理论界所认识，因此，对基于核心能力形成视角的知识转化微观机理的解析自然成为知识管理研究的一个重要领域，导致知识转化体系测度的设计成为实证性模型研究的一个难点。SECI模型只对知识转化的研究给出了一个粗略的轮廓，并没有深刻地揭示出知识转化的微观历程。然而，目前国内外大多数关于知识转化测度的研究成果都是机械地借助于 SECI 模型的外部性轮廓，没有深入地探讨和描述知识转化的内部机理，因而也无法系统地反映出知识转化的本质特征。

（4）核心能力测度的模糊性

知识管理或知识转化能够提高企业知识资本的存量，从而促进企业核心能力的成长，已经成为知识管理研究领域的无可争议的事实。但是，确切地说，知识转化的效率与核心能力的存量没有必然的关系。知识转化的效率越高，则核心能力形成的速度越快，从而导致企业的核心能力越强。因此，知识转化与核心能力形成之间存在着正向的因果效应，而知识转化与核心能力之间的相关性研究缺乏足够的理论支持。

核心能力形成是一个动态过程，决定着一个企业核心能力形成的效率，即在一定时期内企业核心能力的提高水平。对于整个核心能力形成的过程而言，它是一个变化率，而对于一定时期内核心能力的形成而言，它又是一个变化量。总之，它不是一个静态的概念，不是指某一时点上的核心能力水平。核心能力较强的企业，其核心能力形成效率并非一定较高，而核心能力形成效率较高的企业，其核心能力也非必然较强。核心能力可以衡量一个企业的现有竞争优势，而核心能力形成是用来衡量企业现有竞争优势的变化趋势，是核心能力变量对于时间变量的一级导数。

1.3 研究内容、研究方法及研究框架

1.3.1 研究内容

基于知识转化与核心能力相关性的研究现状与目前研究中存在的问题，本书的主要研究内容确立如下：

（1）以转化元为单位研究我国企业知识转化的微观结构测度体系

本书以转化元为单位，从知识转化主体与 SECI 模型中的转化过程相结合的二维角度来进行知识转化的微观分析。组织中的知识转化主体有组织、团队、个体 3 种，而 SECI 模型中的知识转化过程有社

会化、外显化、组合化、内隐化4种,同时,包括主体内部知识传输的知识流运动的方向有12种,因此,对于组织内部知识转化机制的分析是一个高度复杂的问题。

(2) 研究我国企业核心能力形成的微观结构测度体系

根据现有的研究资料,核心能力的体系结构千变万化,分析思路千头万绪,这主要是由于不同的理论主导所致。但是,归根结底,企业核心能力最终表现在企业的生产、技术、市场、管理等基本功能及其对企业绩效的传导机制上,所以企业的基础核心能力,也叫狭义核心能力,包括核心管理能力、核心技术能力、核心生产能力、核心市场能力等几类,而广义核心能力除了包括狭义核心能力的所有构成要素外,还包括核心整合能力。核心整合能力是指企业的狭义或基础核心能力形成之后,对其进行整合而形成一种综合性的"合力",以便对企业的核心产品、竞争优势、企业绩效等直接发挥作用。从某种意义上说,核心整合能力对核心能力的最终形成至关重要,是核心能力要素体系中的核心能力。

本书主要从知识转化的角度对核心能力的微观构面的效应进行研究,在国内的相关领域尚不多见,因此在本书中不做大幅度跨越,将核心整合能力与其他核心能力要素作为并列的构面体系同时纳入核心能力测度因子系统。而在知识转化过程中核心整合能力对其他核心能力要素的整合机制及其后续的价值转化机制,可作为将来的进一步扩展研究范围。

(3) 研究我国企业知识转化对核心能力形成的因果效应

根据知识理论和核心能力理论的核心内容可知:知识管理形成企业的核心能力,而核心能力的来源是企业的知识活动,这是知识经济时代企业行为的本质特征。由上文分析可知,知识转化是知识管理的核心内容,是知识管理的关键环节,它的转化效率决定着知识管理的成败,而狭义的核心能力是企业核心能力体系中的基础,是核心整合能力及核心综合能力形成的前提,也是企业竞争优势与企业绩效产生的先决条件,因此,本书将知识转化与基础核心能力形成作为研究目标具有重要的意义,它能够有效地体现这一价值转化流程的本质特征。

另外，本书核心能力体系的研究与传统文献中核心能力体系研究的不同之处是：传统文献主要研究核心能力的静态体系，即研究核心能力在某一时点上的质与量的特性，也就是核心能力的体系结构与强度大小；而本书研究核心能力的动态体系，也就是研究核心能力在某一时点上的成长过程的强度变迁。因为，根据核心能力理论的观点，核心能力成长的速度虽然与核心能力的即时强度有关联，但在本质上主要与知识管理的效率相关，在本书分析中也就是主要源于知识转化的成败。

（4）对我国东、西部企业知识转化与核心能力形成的相关性的传导路径进行对比分析

我国东、西部地区的经济发展差异较大，在知识管理绩效与核心能力培育上也必然存在一定的差距。本书通过路径对比，找出东部企业知识转化行为的成功领域，同时也指出西部地区知识转化活动的不足之处，以便对我国东、西部地区的协调发展给予一定的理论借鉴。

1.3.2 研究方法

本书主要采用实证型研究方法，同时辅以必要的理论分析，即在严密的理论分析的基础上，结合实地调研的样本数据，建立了知识转化与核心能力形成的相关性研究模型，然后运用多种统计方法逐步实现对模型的检验。这种"直线型"的实证研究方法近年来在国内外管理学博士学位论文中较为流行，同时也为国内主流管理学研究机构所推荐与倡导，其基本研究步骤是：理论综述→模型推演→变量设计→数据收集→变量修正→模型检验→结论分析。

本书的实证研究技术是结构方程模型，软件工具是 Lisrel 8.7 和 SPSS 11.5。结构方程模型（Structural Equation Modeling，简称 SEM），是统计方法中一个新的发展领域，目前在国外管理学研究中应用较为普遍，但在国内管理学研究中的应用还处于刚刚起步阶段。本书之所以选择结构方程模型来构建各种假设之间的关系，是因为它具有许多其他统计检验方法所不具备的优越性。

1.3.3 研究框架

本书拟对我国企业知识转化与核心能力形成的相关性进行实证研究，从而揭示了知识转化在核心能力形成路径上的微观激励性机理，为我国企业实施知识管理战略，从而提高核心能力的培育效率提供了有效的理论借鉴。因此，本书首先借助于知识转化与核心能力相关性研究的现实背景和理论背景，点明了本书的研究意义，提出了本书的研究内容，拟定了研究方法，并构建了研究框架；然后，在知识管理、知识转化、核心能力、知识转化与核心能力相关性等基础性的理论平台之上，通过对基于 SECI 模型的知识转化在核心能力形成路径上的激励性进行理论解析，推演出了本书的研究模型，并提出了本书的研究假设。随后，借助于知识转化与核心能力的成熟性研究理论，设计了知识转化与核心能力形成的测度量表，并通过样本数据对测度量表进行了评价和修正，为模型验证的实现提供了必要的条件。最后，根据修正后的知识转化测度量表与核心能力形成的测度量表，依据我国企业知识转化行为与核心能力形成的样本数据，进行基于研究假设的数据检验，并根据检验结果进行了讨论和总结，继而提出了进一步研究的构想。

根据以上分析，本书的研究框架如图 1-2 所示。

本书的章节安排如下：

第一章绪论部分论述了本书展开的现实背景和理论背景，点明了本书的研究意义，分析了国内外研究的现状及存在的问题，提出了本书的研究内容，拟定了本书的研究方法，并确立了本书的研究框架。

第二章是相关研究的理论综述，论述了本书的基础性理论，为后期研究的开展提供了理论平台，主要包括知识管理理论、核心能力理论、知识转化理论、核心能力结构理论以及知识转化与核心能力形成的相关性理论，并对各种理论进行了简要的评述。

第三章主要通过对知识转化在核心能力形成微观路径上的激励性进行理论分析，构建了本书的理论模型，并提出了相关研究假设。

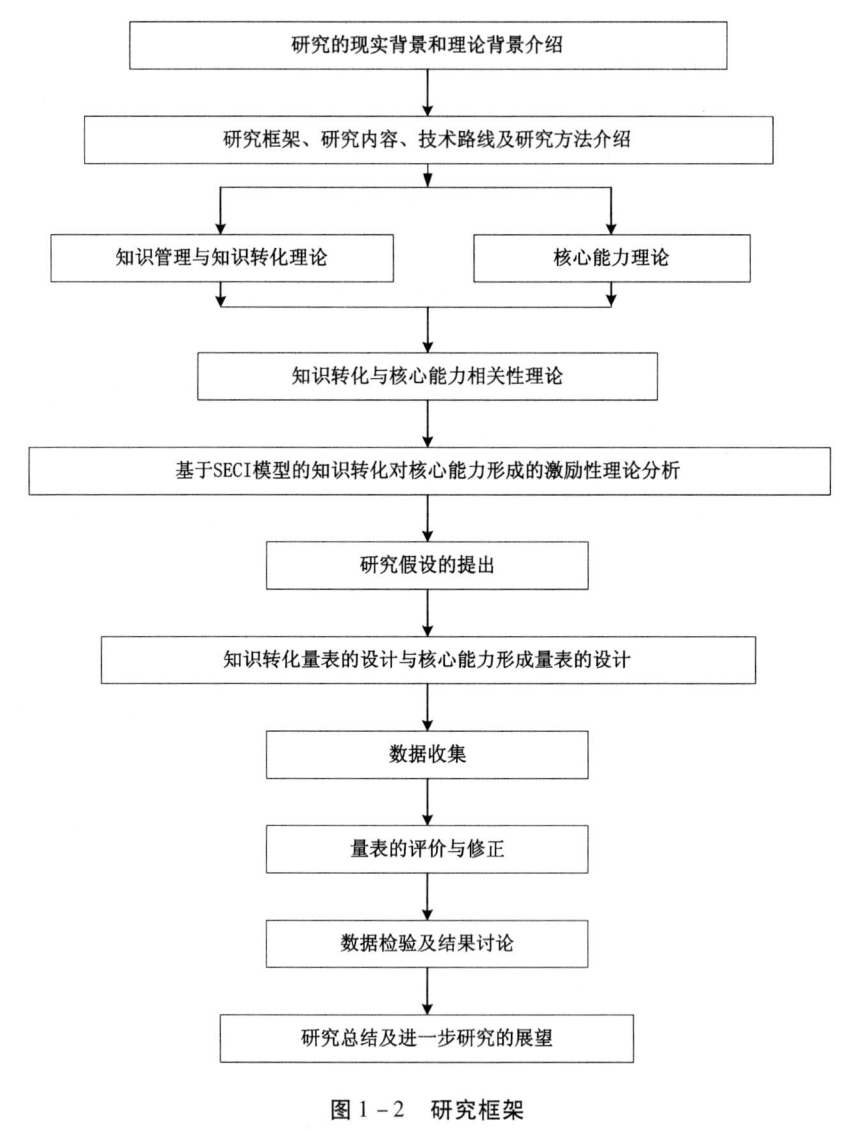

```
┌─────────────────────────────┐
│  研究的现实背景和理论背景介绍  │
└─────────────────────────────┘
              ↓
┌─────────────────────────────────────┐
│ 研究框架、研究内容、技术路线及研究方法介绍 │
└─────────────────────────────────────┘
         ↓              ↓
┌──────────────────┐ ┌──────────┐
│ 知识管理与知识转化理论 │ │ 核心能力理论 │
└──────────────────┘ └──────────┘
              ↓
┌──────────────────────────┐
│  知识转化与核心能力相关性理论  │
└──────────────────────────┘
              ↓
┌────────────────────────────────────────┐
│ 基于SECI模型的知识转化对核心能力形成的激励性理论分析 │
└────────────────────────────────────────┘
              ↓
┌──────────────┐
│  研究假设的提出  │
└──────────────┘
              ↓
┌──────────────────────────────┐
│ 知识转化量表的设计与核心能力形成量表的设计 │
└──────────────────────────────┘
              ↓
┌────────┐
│  数据收集  │
└────────┘
              ↓
┌──────────────┐
│  量表的评价与修正  │
└──────────────┘
              ↓
┌──────────────────┐
│  数据检验及结果讨论  │
└──────────────────┘
              ↓
┌────────────────────────┐
│  研究总结及进一步研究的展望  │
└────────────────────────┘
```

图 1-2　研究框架

Fig. 1-2　Research strucure

第四章主要通过对基于核转化元的 SECI 模型转化机理的微观解析，设计了基于核转化元的知识转化量表测度模型。

第五章根据现有的关于核心能力结构体系的研究成果，设计了我国企业核心能力形成量表测度模型。

第六章主要运用 KMO 检验、Bartlett 球体检验、单构面尺度检验、探索性因子分析和验证性因子分析等统计分析方法，并借助现实性的样本数据，对知识转化理论测度量表与核心能力形成理论测度量表进行评价与修正。

第七章主要借助结构方程模型、利用样本数据对模型进行分组实证检验，并对检验结论进行了对比分析。

第八章利用知识转化与核心能力的相关性模型对我国星级酒店业的行业样本进行了实证检验，揭示了知识转化在星级酒店业核心能力形成路径上的微观机理。

第九章主要总结了本书的主要研究工作，点明了本书的创新点，论述了本书研究的局限性，同时提出了进一步研究的启示与展望。

2 相关研究的理论综述

知识转化与核心能力的相关性理论是现阶段知识理论研究的重点内容，是知识管理理论发展的必然趋势，也是对知识管理与企业绩效的相关性研究理论的进一步深入和完善。知识管理理论与核心能力理论具有天然的融合性，在理论发展过程中始终交织在一起，均属于战略理论的研究范畴。知识转化是知识管理的核心内容，而核心能力结构体系的研究具有重要的现实意义。知识转化与核心能力的相关性研究目前刚进入实证研究阶段，在测度量表设计、样本数据收集、验证方法的选择等方面仍然有待完善。

2.1 知识管理理论

萨维奇博士在其所著《第五代管理》一书中，把企业管理历史划分为五个阶段：工业时代初期以所有制为核心的第一代管理、以严格等级制为特点的第二代管理、以矩阵型组织为特征的第三代管理、以计算机网络为特征的第四代管理和以知识为核心的第五代管理。因此，按照萨维奇博士的观点，知识管理是企业管理发展的一个自然演进阶段。

2.1.1 知识管理的内涵

麻省理工学院研究院院长拉里·普鲁萨克最早提出了知识管理的概念，他在《工作知识》一书中指出：知识在知者的头脑中产生，并在其中得到应用;组织内的知识不仅存在于文件和档案中,还常常体现在管理、流程、行为和规范中;知识管理的重心将得到改变,它将和工作本质的变迁与组织本质的变迁融于一体。

我国学者杨治华、钱军(2002)通过对国内外知识管理概念研究领域的总结,认为知识管理的内涵存在如下几种权威性的解释:知识管理就是利用组织的无形资产创造价值的艺术(Karl E. Sverby)。知识管理就是当组织面对不断加剧而又不连续的环境变化时,为了提高组织的适应能力、生产能力和竞争能力,不断探求将组织用信息技术处理信息的能力和组织成员创造与革新能力相结合的一种过程;知识管理是协助企业和个人,围绕各种来源的知识内容,利用信息技术,实现知识的生产、分享、应用及创新,并在企业个人、组织、业务目标以及经济绩效等方面形成知识优势和产生价值的过程(夏敬华,2004)。

全球认可的@BRINT知识库的创始人和知识总监Yogesh Malbotra博士认为,知识管理是企业面对日益增长的非连续性的环境变化时,针对组织的适应性、组织的生存和竞争能力等重要方面的一种迎合性措施,在本质上它包含了组织的发展进程,并寻求将信息技术所提供的对数据和信息的处理能力以及人的发明创造能力这两方面进行有机的结合。

2.1.2 知识管理的阶段

Sveiby(1997)认为,知识管理包括知识创造、知识收集、知识组织、知识传播、知识利用和知识宣传六个过程;Amrit Tiwana(2004)从信息技术的整合角度认为企业的知识管理需要十个发展阶段:确定关键知识;将业务战略和知识管理相结合;分析公司的现有知识;基于过去的情况继续构建系统,而不是抛弃已有的IT投资;重点在于构建流程和隐性知识,而不是显性知识;设计对未来变化适应力强的知识管理平台;构建并部署一个结果驱动的知识管理系统;知识管理还需要设立领导班子的激励机制;采用实物期权分析测评知识创新;从实战中学习。

哈佛大学商学院教授迈克尔·波特（Michael Porter）随后提出了知识链模型，是知识管理的一大进展。他认为，知识链（knowledge chain）是形成一个知识组织创新周期的一系列互动过程，包括内部意识、内部反应、外部反应和外部意识四个阶段，并且，这四个阶段之间相互渗透，加快了知识创新的速度。

因此，知识管理活动是知识主体针对知识客体而实施的一系列知识行为，一般包括知识初级管理和知识高级管理两个阶段。知识初级管理包括知识收集、知识过滤、知识存储、知识更新和知识分类等基础性的知识活动，而知识高级管理包括知识转化、知识共享、知识创新三种成长性的知识活动。知识初级管理是知识高级管理的前提，为知识高级管理活动提供平台，而知识高级管理是知识初级管理的延续和发展，能够最终实现知识管理的目标。

2.1.3 知识管理的模式

知识管理的模式是指知识管理的实现方式，也就是说，企业选择什么样的知识行为来实现知识管理的目标。知识管理模式的研究是知识管理研究的重要内容，并且在不同的企业环境和文化环境下存在着不同的研究成果。

哈佛大学教授汉森和罗利亚（Hansen and Nohria）将知识管理分为编码管理模式（codification mode）和人物管理模式（personalization mode）。在编码管理模式中，知识被编码并储存在数据库中，组织成员可以通过计算机网络直接调用；在人物管理模式中，知识与知识所有者没有分离，通过人员的直接交流得到传播和共享。这两种知识管理模式在投入产出方面存在着较大的差异，编码模式强调投资信息技术，而人物化模式强调投资信息资源。Marshall（1999）认为，组织层面的知识管理包括六个方面的内容：①通过内部活动或R&D小组创造知识；②当需要时能从公司的外部或内部获取知识；③通过正式培训或非正式的社交活动在知识被使用前转移知识；④使用易于接受的报告、图表和演讲等呈现知识；⑤当知识被确证后，能被用于过程、体系和控制；⑥通过建立激励和领导机制来培植企业文化，以实现知识的使用、共享和增值。Andra Warton（2000）认为，知识管理包括四方面的内容：①创造机会使人们相互合作产生新思想；②提供人们对未曾预测到的事件进行反应的手段；③在不断提高分工程度的环境中，建立组织文化库的保存和开发机制；④采取措施提高员工的技能。

施乐公司认为最重要的十个知识管理领域是：①对知识和最佳业务经验的共享；②对知识共享责任的宣传；③积累和利用过去的经验；④将知识融入产品、服务和生产过程；⑤将知识作为产品进行生产；⑥驱动以创新为目的知识生产；⑦建立专家网络；⑧建立和挖掘客户知识的知识库；⑨认识和量化知识的价值；⑩利用知识资源（钱军、周海炜，2003）。

常荔、邹珊刚（2000）根据我国企业的具体环境，认为可以通过如下方法构建我国企业的知识管理系统：①设立知识管理部门、建立知识经理制度；②建立知识的生产、传播、共享和运用的激励机制，激发企业员工进行知识学习、创新和知识共享的主动性和积极性；③改变传统的与客户、竞争对手、供应商等之间的关系，建立收益递增的外部网络；④构建有助于企业内部知识交流与共享的内部网络；⑤创造"学习、共享、创新"的内部良好环境，建立"尊重知识、共享知识"的企业文化。

2.1.4 知识管理的对象——知识资本

知识管理是现代企业管理的一种形式，其管理主体是企业，具体地说，知识管理的主体是企业中的管理层，而知识管理的客体则是现代企业中最宝贵的资源——知识资本。

知识资本的概念由美国著名经济学家 J. K. Galbrainth 于 1969 年首次提出。他认为，知识资本是一种知识性的活动，是一种动态的资本形式。后继研究者对知识资本的内涵又进行了深入的探讨：知识资本是企业真正的市场价值与账面价值之间的差距，是知识企业物质资本和非物质资本的合成（Edvinsson & Sullivan，1996）；知识资本常以潜在的方式存在，是你无法触摸到，却使你能够富有的东西，是能够用来创造财富的知识材料，包括知识、信息、知识产权和经验等；知识资本是能够为组织提供竞争优势的知识、应用经验、组织技术、顾客关系和专有技术等的财产（斯托尔特，2003）；OECD 认为知识资本是人力资本、组织资本与顾客资本的总和。

知识分类的研究最早可追溯到古希腊柏拉图和亚里士多德时代。Aristotle 把知识区分为三种：Episteme、Techne 和 Phronesis。Episteme 是指理论的（theoretical）、宇宙的（universal）知识；Techne 是指指引性的、特殊背景的、与事务相关的知识；而 Phronesis 是指以经验为基础的、与一般感觉有关的知识，属于实践智慧（practical wisdom），即现在所谓的隐性知识（tacit knowledge）（Tsoukas & Vladimirou，2001）。

1958 年，英国生物学家、哲学家 Polanyi（1966）将知识分为显性知识（articulated knowledge）和隐性知识（tacit knowledge），被认为是对知识认识的重大突破。显性知识也称明晰知识，是指可以通过书面和系统化的语言表达出来，并且以诸如数据、科学公式、说明书、手册等形式在组织中共享的知识，它可以容易地被处理、传递和存储。隐性知识也称默会知识，是指深藏于人的实践之中的、难以言明和模仿的、尚未编码化的内隐性知识。这类知识很难被交流、理解和共享，只有通过对人类行为的观察和知识诱导活动才能获得。

知识资本可以被分为结构化知识和半结构化知识（Howells，1996）。结构化知识是指可以以编码形式存在的知识，容易实现文档化，可以通过文档的转移实现知识的转移，如文字、符号、图形等载体所传递和表达的知识。半结构化知识是指仅存在于知识拥有者的头脑之中、难以用编码形式表述或传递的知识，一般以灵感、技能、经验等形式存在。

加内什·纳塔拉詹（1996）从知识库的角度将知识分为五类：声明性的知识（知道关于什么的）、程序性的知识（知道如何去做）、原因性的知识（知道为什么）、条件性的知识（知道在什么情况下发生的）、关系性的知识（知道与谁有关）。

根据知识在企业中的分布层次，可将企业知识分为三类：个人知识、团队知识与组织知识。个人知识是存在于个人头脑中的，表现为属于个人技能方面的知识。它为个人所拥有，可以独立应用于特定任务或问题的解决，并随个体的转移而转移。团队知识是在团队成员中分布和共享的知识，它依存于团队的成员，代表着团队的记忆，储存在团队的规则、程序、惯例和共同的行为准则中，并随着团队成员的交互而处于流动状态。组织知识是企业在组织层面上拥有的知识，它的特征和内涵与团队知识相同，但是对个人知识和团队知识在更高层次上的整合而成的结果。个人知识的创造是团队知识与组织知识创造的基础和源泉，而团队与组织知识的创造又为个人知识的创造提供了有利的环境和氛围。

尽管关于知识分类的研究呈现多样性，但在本质上，这些分类形式都是在Polanyi所提出的隐性知识和显性知识分类的基础上扩展而来的。关于隐性知识和显性知识的划分，不仅使人们认识到隐性知识的存在及其重要性，更为知识转化的研究提供了理论指导，开辟了知识转化研究的广阔空间。

2.1.5　知识管理的功能

知识理论把企业看作集成知识的机构，企业的知识存量和认知结构决定了企业配置、开发和保护资源的能力，从而最终在企业产出及市场力量上体现出企业的竞争优势，而知识管理是实现这一目标的根本途径，因此，从某种意义上说，企业管理的本质等同于知识管理（Spender, 1996）。

德鲁克在《后资本主义》一书中指出：知识的生产率以及使知识转化为生产力，将日益成为一个国家、一个行业、一家公司竞争的决定因素。因此，从企业的长期效应分析，知识管理的目标在于提高企业的运作绩效；从企业的短期效应分析，知识管理的目标在于培育企业的核心能力，从而形成企业的可持续竞争优势。美国生产力与质量研究中心（APQC）认为，知识管理的目标是通过对知识的识别、获取和利用，从而提高企业的竞争力。毕马威咨询公司在2006年度的调查报告中指出，人们对知识管理作用的普遍预期是"提高企业的决策能力，从而提高企业的市场反应速度和处理客户关系的能力"。

2.2 核心能力理论

2.2.1 核心能力的内涵

核心能力又名核心竞争力，是当代管理理论和管理实践关注的焦点，是现代企业获得持续竞争优势的前提，是第五代战略理论形成和发展的基石。近二十年来，核心能力理论主导着管理学前沿理论的发展，并且显示出愈益强劲的优势。

20世纪80年代中期，西方掀起了一股深入挖掘企业竞争优势的特殊源泉的热潮，从而催生了核心竞争力概念的诞生。1990年，美国经济学家普拉哈拉德和哈默尔（Prahalad & Hamel）在《哈佛商业评论》上发表的经典论文《公司核心竞争力》中首次提出了核心竞争力理论，认为核心竞争力是组织中的累积性学识，特别是关于如何协调不同的生产技能和有机结合各种技术流派的知识（Prahalad & Hamel，1990）。因此，普拉哈拉德和哈默尔的核心能力的概念概括了核心竞争力的三个关键点：知识性、整合性和积累性。"技能"和"技术"都属于知识，它们显示了知识的实体性。"协调"和"结合"的对象是知识，它们表明了知识的动态性。"积累性"体现了核心竞争力是知识日积月累的结晶，说明了核心竞争力是有生命周期的。

此后，对核心能力内涵的探讨又成为核心能力研究的一个重要方向。Barton（1992）认为：核心竞争力是使企业独具特色并为企业带来竞争优势的知识体系；Oliver（1997）认为：核心竞争力是企业资产投资的简短总结，而这些资产投资的总和决定了企业的战略地位；Foss（1996）认为：核心竞争力不仅包括企业的无形资产存量，还包括对这种无形资产的认识过程，以及如何将之转化为行为的理解。最具综合性的是麦肯锡咨询公司的定义：企业核心竞争力是使企业内部一系列互补的技能和知识的结合，使一项或多项业务达到世界一流水平能力。Prahalad和Hamel的定义偏重于核心竞争力的技术特性，而麦肯锡咨询公司的定义反映了核心竞争力的整体应用特性。

2.2.2 核心能力的特征

核心竞争力的主要观点是：企业本质上是一个能力集合体，能力是对企业进行分析的基本单元；企业拥有的核心能力是企业长期竞争优势的源泉，而积累、保持和运用核心能力是企业的长期性根本战略。

本书综合核心竞争力的相关研究得出核心竞争力具有如下特征：①价值优越性，即核心竞争力应当有利于企业效率的提高，能够使企业在创造价值和降低成本方面比竞争对手更优秀；②异质性，即一个企业拥有的核心能力应该是企业独一无二的，是企业成功的关键因素。核心竞争力的异质性决定了企业之间的异质性和效率差异性；③不可模仿性，即核心竞争力是在企业长期的生产经营活动中积累形成，深深地烙上了企业自我独特性的烙印，其他企业难以复制；④不可交易性，即核心竞争力融合于特定的企业环境中，虽然可以为人们所感受，但无法像其他生产要素一样通过市场交易进行买卖；⑤难以替代性，即和其他企业资源相比，核心竞争力受到替代品的威胁相对较少。

2.2.3 核心能力的功能

从本质上说，核心竞争力是企业所独有的、能为消费者带来特殊效用的、使企业在某一市场上具有长期竞争优势的内在能力资源，是公司所具有的竞争优势和区别于竞争对手的知识体系，是公司竞争能力的基础。

复旦大学芮明杰教授指出：世界大企业成功因素表明，核心竞争力是引导企业成功的关键因素；《财富》中的世界500强企业无不在技术诀窍、创新能力、管理模式、市场网络、品牌形象、顾客服务等方面具有长足的优势。就跨国公司而言，可口可乐在品牌形象、市场网络等方面具有独特的优势，宝洁公司在市场营销策略、产品创新上具有突出的优势，3M公司在技术创新和技术诀窍共享方面存在着独到之处。在我国上市公司中，海尔的国际星级服务、邯郸钢铁的成本管理、东方电子的人才战略和技术开发、长虹的成本管理和规模优势都是其核心竞争力的重要构成要素。

2.2.4 核心能力的源泉

由核心能力流派的多样性可知，核心能力的源泉也具有多样性。本书通过对若干文献的总结，可以得知核心竞争力的源泉主要有知识资本、企业资源、企业文化三种论点。本书认为，确切地说，知识资本是核心竞争力的唯一来源，其他两种观点都具有很大的模糊性。

知识资本是能够转化为利润的知识，是知识经济的第一资本。罗默在内生增长理论中指出，知识生产要素是当今经济社会中最重要的生产要素，以"干中学"的形式促进经济的增长。舒尔茨认为：知识和技术是当今经济增长舞台上的主角，而劳动和资本只能算二、三流的小角色。彼得·德鲁克说："在现代经济中，知识正成为真正的资本与首要的财富；管理的核心是使知识产生生产力。"因此，核心能力的价值增值功能是形式，而知识资本的价值增值功能是本质，核心能力只是知识资本发生价值增值的工具性载体。知识同生产工艺结合起来形成核心技术，知识同系统思考结合起来形成组织核心，知识同市场结合起来形成获利点，知识同组织学习结合起来形成创新能力。

知识是企业资源的一种形式，而企业资源的其他形式如资本、劳动等，在核心竞争力的形成中只起到辅助性的作用，仅为核心竞争力的形成提供一种依托性的平台。很多在财务资本、人员配备、组织结构、劳动时间、规章制度等方面综合实力不相上下的企业，而企业绩效却大相径庭，其根本原因是由于企业之间的知识管理效率差别所致。企业文化在核心竞争力形成中也只是起到辅助性的作用，促进核心竞争力形成良性循环。

所以，企业资源是核心竞争力形成的硬环境，企业文化是核心竞争力形成的软环境，而知识资本是核心竞争力形成的根本源泉。

2.2.5 核心能力理论的发展

企业核心能力的思想可以追溯到亚当·斯密的古典经济学和阿尔

弗雷德·马歇尔（Alfred Marshall）的新古典经济学理论。斯密在《国富论》（1776）中提出，企业的内部劳动分工决定了企业的劳动生产率，进而影响到企业的成长。Marshall（1925）提出了企业内部各职能部门之间、企业之间、产业之间的"差异分工"，并指出了这种分工直接和各自的技能与知识有关。1959年，伊迪丝·彭罗斯（Edith Penrose）在《企业成长论》中，从分析单个企业的成长过程入手，对企业拥有的且能够拓展其生产机会的知识积累倾向给予高度重视，特别强调了企业成长过程中两种主要的内在机制，即企业如何积累"标准化操作规程"和"程序性"决策方面的知识机制，与企业如何积累用于产生"非标准化操作规程"和"非程序化决策"的新知识机制（Penrose，1959）。Penrose（1959）认为，企业管理就是一个连续产生新的非标准化操作规程和非程序性决策并不断地把它们转化为标准化操作规程和程序性决策的过程，而这一过程依赖于企业内部的能力资源。

企业核心能力理论的出现不仅源于现代企业理论的局限性，而且源于主流企业战略理论的缺憾（Hodgson，1997）。现代企业能力理论认为，企业是拥有一组特定资源和特定能力的组织结合体，它能够运用这些资源和能力从事生产经营活动，并能以自己特有的方式有效地处理现实生产经营中的各种难题（Winter，1987）。企业的能力可以分属于企业中的不同个人，但是企业的特殊能力则表现为一个组织所拥有的且难以为其他经济组织所模仿的资产。一个运营良好的企业能够不断地获取资源、积累经验并在组织中传播知识和技能。这些独特的资源和能力成为企业竞争优势的源泉。Porter的第四代竞争战略理论实际上是将以结构—行为—绩效（S—C—P）为主要内容的产业组织理论引入企业战略管理领域，偏重于企业外部战略环境的分析，缺少企业内部能力、绩效、成本、资源配置等方面的分析。

核心竞争理论认为，企业的竞争远远超过Porter的五力模型范围，因此能较完美地将企业内外因素分析融于一体。核心能力理论打破了传统的"企业黑箱论"，既从本质上认识和分析企业，又根植于企业经营管理的内部事项。它把经济学和管理学有机地结合起来，对数十年居于主导地位的现代企业理论提出了强有力的挑战。

2.3 知识转化理论

2.3.1 知识转化在知识管理中的核心性地位

知识转化是知识资本从一种状态到另一种状态的转化，或者知识资本在同一种状态内部的自我转化。知识转化在知识管理中占据着核心性的地位，是知识管理的主要内容，也是知识管理实践所密切关注的对象，因此，知识转化是知识管理研究领域经久不衰的研究主题。在某种程度上可以认为，知识转化完成了知识管理的主体性功能，实现了知识管理的目标，增强了知识管理的效率，甚至决定着知识管理的成败。

美国学者 Holsapple 和 M. Singh（1998）提出的知识链模型中将知识管理分为五个阶段：知识获取、知识选择、知识生成、知识内化、知识外化。知识获取是指从组织外部获取知识，并使之成为组织内部的知识；知识选择是指从组织内部选择有用的知识并为组织所用；知识生成是指从现有的知识中发现和分化出新的知识；知识内化是指对生成的知识进行分化、储藏和整理，从而改变组织的知识资源状态；知识外化是指将组织内的知识融入知识的产出中。因此，很明显地看出，知识转化是知识链中知识生成和知识内化这两个阶段的融合，在知识链中处于枢纽性位置，知识转化的缺失将导致知识链的中断和知识管理的失败。

在知识管理活动中，知识转化既是初级知识管理活动的终点，也是高级知识管理活动的起点，是初级知识管理活动向高级知识管理活动跃迁的契合点。也就是说，知识转化是知识收集、知识过滤、知识分类、知识存储等初级性知识管理活动的目标，同时也是知识共享、知识创新等高级知识管理活动的平台。在知识转化过程中，组织的知识资本实现了量上的积累和质上的改进，知识管理的策略在不断优化，知识管理的水平在不断提高，知识的资本性功能在不断扩张，从而使知识管理的目标得以顺利实现。

知识理论认为，知识资本是企业核心能力的源泉，知识管理是实现核心能力培育的手段。由于知识转化在知识管理中具有枢纽性的核心地位，因此，在很大程度上，知识转化是企业核心能力培育的主要手段。在很多企业环境下，知识转化在核心能力形成过程中占据主导性的地位，知识转化视角下的核心能力形成的研究具有特殊的重要性。

2.3.2　隐性知识与显性知识

1958 年，科学家、哲学家迈克尔·波兰尼（Michael Polanyi）在其代表作《个人知识》中将知识划分为两类：显性知识（explicit knowledge）和隐性知识（tactic knowledge）。显性知识是指那些能够以正式的语言明确表达的知识，表达方式可以是书面陈述、数字表达、表格列举、文件报告等，因此能够在不同的场合方便地交流。隐性知识是指建立在个人经验基础之上，并涉及各种无形因素的知识，一般包括两个方面：一是技术方面的隐性知识，包括那些非正式的、难以表达的技能和诀窍等；二是认识方面的隐性知识，包括心智模式、信念和价值观等。

1995 年，日本学者野中郁次郎（Nonaka）与竹内广隆（Takeuchi）在 Polanyi 知识分类的基础上，在《创造知识的公司》（*The Knowledge Creating Company*）一书中从知识管理的角度提出了"内隐知识"和"外显知识"的概念，将人类知识分为两大类：可以用正式语言表达的"外显知识"和难以用正式语言表达的"内隐知识"。外显知识是经过编码的、有序地承载于某种可见载体之上的知识，包括传统的书面文件和电子化后的档案。外显知识是客观的、理性的知识，可以在不同的个人之间快速而简单地传递，便于组织成员之间的沟通和分享。内隐知识是未经正式化（informalize）的知识，包括个体的思维模式、主观信仰的观点，是属于个人经验和直觉的知识，难以用语言来沟通和表达，如经验、技术、文化和习惯等。内隐知识是知识创新中最为基础的东西，具有很强的抽象性和主观性。

OECD 对知识的分类目前是最权威的一种。1997 年，OECD 在发布的《以知识为基础的经济》一书中,将知识分为四大类:Know-What(知道是什么,事实知识)、Know-Why(知道为什么,原理知识)、Know-How(知道怎么做,技能知识)、Know-Who(知道谁有知识,人力知识)。世界经济合作与发展组织的报告将前两类知识称为外显知识,将后两类知识称为内隐知识(Szulanski,2000)。

野中郁次郎与竹内广隆以及OECD的知识分类在概念上和内涵上与波兰尼的知识分类存在着高度的一致性,实质上是对波兰尼知识分类的具体化解释,因此,显性知识—隐性知识分类模式在知识研究领域具有权威性的地位,并得到了广泛的应用。Polanyi(1966)认为,人类的大部分知识都是以隐性知识方式存在的,显性知识只是冰山一角,即人们知道的比他能讲出来的要多得多。而Leonard和Sensiper则进一步指出,通常,我们所知道的比我们所能够意识到的要多得多。

一般而言,企业中的隐性知识占知识总量的90%,而显性知识只占10%(Polanyi,1966)。所以,在知识形态的研究上,隐性知识要远远高于显性知识,是知识形态研究的一个热点问题。

Polanyi认为,隐性知识本质上是一种理解力、是一种领会,它把握经验、重组经验,以实现理智的控制能力。Nonaka认为,隐性知识是高度个人化的知识,它深深根植于行为本身,根植于个体所处环境的约束。隐性知识包括个体思维模式、信仰观点和心智模式等,而这些模式信仰观点是如此根深蒂固,以至于我们习以为常,不自觉地接受了它们的存在,并在观察世界的时候受到它们的巨大冲击。

德鲁克认为,隐性知识,如某种技能,是不可用语言来解释的,它只能被演示而证明它的存在。学习这种技能的唯一方法是领悟和练习。加内什·纳塔拉詹认为,隐性知识指的是那些存在于个人头脑中的经验性知识。Kachra A.(2002)认为,隐性知识是高度个性化的、难以格式化的非编码型知识。它根植于特殊的环境和背景,是停留在实践层面即时性的非批评性、经验性知识,往往被不自觉和无意识地运用。

可见,隐性知识是指高度个人化的、不容易表现出来的、难以规范化的知识。隐性知识由于难以理解，难以用文字、语言、公式等格式化形式来表达，导致交流速度较慢，转化成本较高，在一定程度上具有独占性和排他性等特征，是企业形成核心能力的主要源泉。隐性知识隐含于特定的企业文化、组织结构、程序和惯例之中，在现实企业运作过程中，隐性知识通常表现为经验、技能、专长、印象、灵感、洞察力、直觉、心智模式、预见性、信仰、价值体系、团队默契、组织文化和风俗等（Davenport & Prusak，1998）。个体的隐性知识是依附于个人的、很难被其他个体掌握的高度个性化的知识，主要以经验、技能、直觉、灵感等形式存在。集体的隐性知识则依附于组织，是某一组织区别于其他组织的人格化特征，如组织的价值体系、组织文化、优良传统、团队潜规则等。

2.3.3 SECI 模型

野中郁次郎（Nonaka）与竹内广隆（Takeuchi）认为，企业组织不仅"处理"知识，同时也"创造"知识，知识是解释公司行为的基本单位。因此，在确认了 Polanyi 所说的隐性知识的基础上，并结合日本企业管理的案例，野中郁次郎与竹内广隆在《知识创造的公司》一书中阐述了他们的组织知识创新动态理论（A dynamic theory of organizational knowledge creation），全面描述了隐性知识和显性知识相互转化的模式，提出了著名的 SECI 知识转化模型（Nonaka & Ikujiro，1994）。

Nonaka 在 SECI 模型中将知识状态之间的转化分为四种基本模式：社会化（socialization）、外显化（externalization）、组合化（combination）、内隐化（internalization）。

知识社会化是指隐性知识到隐性知识的转化。隐性知识到隐性知识的转化是人类历史上最早出现的知识转化形式，这种知识转化形式主要是通过知识转化主体双方或多方直接地、面对面地交流实现的。人们在直接的交流中领悟对方的技巧、诀窍，共享各自的经验、见解，相互之间进行思维模式的启发与思维定势的重构，最终实现知识的潜移默化过程或社会化过程。传统的知识社会化过程往往存在着知识转化的主动方和被动方，主动方将隐性知识直接传递给被动方，从而引起接受者隐性知识系统的积累、重构和优化，而现代社会的知识社会化过程强调知识转化主体之间的互动性，认为知识转化的效率与知识主体的主动性存在着高度的相关性，特别是对隐性知识到隐性知识的转化而言更具有现实性。

知识外显化是指隐性知识到显性知识的转化。隐性知识到显性知识的转化是人类历史上出现的第二种知识转化形式，因为这种形式的知识转化需要在文字诞生之后才能实现。在知识外显化过程中，知识主体通过隐喻、类比和模拟等方式，将隐性知识用明晰的概念和语言表达出来。隐性知识到显性知识的转化，一方面源于以知识主体为实现某项知识研究任务的主动性需要，另一方面源于知识主体所拥有的隐性知识的自然流露，两者均可以以格式化的形式在某种知识载体上保存下来。知识外显化过程不仅是学术界研究的热点问题，也是企业管理实践的焦点。因为如何将企业的隐性知识转化为显性知识是企业知识管理的一个关键问题，这个过程是提高企业人力价值的过程，是企业人力资源管理的重要内容。

知识组合化是指显性知识到显性知识的转化。显性知识到显性知识的转化是人类历史上出现的最后一种知识转化形式，因为这种知识转化形式的出现是人类知识总量的积累达到一定程度的产物，是知识应用的高级阶段。知识组合化的过程是将数量庞大、杂乱无章的格式化知识进行过滤、分类、储存和整合，使之有序化、集成化和系统化。具体而言，知识组合化的过程就是知识主体将通过文件、会议、电话会谈或电子交流等媒体产生的语言或数字符号进行重新分类和整理，从而使之更具有应用价值的过程。随着经济社会的发展和科学技术的进步，显性知识的总量在不断扩大，知识组合化的过程日益复杂化，数据仓库建设和数据挖掘技术在不断提高，从而为知识组合化的研究提供了广阔的发展空间。

知识内隐化是指显性知识到隐性知识的转化。显性知识到隐性知识的转化在知识转化发展过程中应该晚于知识的外显化过程，而早于知识的组合化过程，是人类历史上出现的第三种知识转化形态。这种知识转化形式的实现往往是通过人们对显性知识的获取、学习和应用实现的，即人们在显性知识的获取、学习和应用过程中，把各种显性知识内化在人们的头脑之中。在企业知识实践过程中，组合化所产生的新的显性知识被组织内部员工吸收和消化，并升华为自己的隐性知识。也就是说，员工通过学习新的显性知识，结合"干中学"和工作中培训等形式实现显性知识到隐性知识的转化，这种知识转化形式在现代企业管理过程中发挥了巨大的作用。

随后，野中郁次郎与竹内广隆对知识转化的四种模式进行了进一步的整合，提出了知识转化的"螺旋图"，引起了西方知识管理界的广泛关注，在知识转化研究领域存在着里程碑式的影响。

Nonaka（2000）认为：组织知识经过这四种模式的转化，实现个人之间、个人与组织之间的知识转移，推动组织的知识创造，构成一个不断上升的知识螺旋；四种知识转化模式是一个有机整体，它们都是组织知识创造过程中不可缺少的组成部分；高度个人化的隐性知识必须通过共享化、概念化和系统化，并在整个组织内部进行传播才能被组织内部员工所吸收；对任何一种知识转化模式的忽视都会造成整个组织知识创造过程的局部性和不完整性。

因此，组织知识动态创新理论支持了知识的可转化性思想，提出了四种隐性知识和显性知识的转化模式，为知识转化研究的深入开展提供了理论基础，是知识转化研究领域最重要的成果。在我国知识转化研究领域，汪应洛教授做出了巨大贡献。他从系统科学的角度出发，分析了两个知识主体之间的知识转化过程，提出了知识转化过程存在着语言调制和联机学习两种方式，同时将隐性知识分为真隐性知识和伪隐性知识，并指出对于隐性知识的转化，连接学习方式是唯一的知识转化方式。

现代管理学理论认为：知识资本是对人力资本的扩充，知识管理也就是对人力资本管理的升华（Schrader，1991）。因此，SECI模型也可以看作是企业人力资本价值增值的过程，是人力资本形成的各种方式的生动化和具体化。

2.3.4 知识转化的环境

Rebentisch E. S.（1995）认为：个人是组织的基本单元，团队（职能部门、分支机构、项目组、车间等）是最小的组织单元，因此组织知识存在于个人、团队、组织三个层次之中，即个人、团队、组织是组织中的三类知识主体。他进一步认为，组织知识存在于下列五个位置：组织成员的大脑中、组织的结构和规则中、组织的业务流程和事件中、组织文化中、工作场所的结构中。

Nonaka 和 Konno（1998）在 SECI 模型的基础上提出了知识转化赖以实施的四种"场"：①源发场，即员工之间对彼此的感觉、经验、情绪及思维共享的空间，适用于知识的社会化过程；②互动场，其关键因素是对话与比喻引用的空间，适用于知识的外显化过程；③网络场，即虚拟世界的交流空间，通过分配、传递和利用现有的显性知识创造新的组织知识，适用于知识组合化过程；④促使显性知识隐性化的空间，适用于知识内隐化过程。

因此，"场"是知识动态流动及相互作用的空间，"场"的提出旨在为组织创造一种知识交流的环境，为"知识螺旋"的产生提供条件。如果说 SECI 模型是对知识活动的一种自身机理研究，则"场"的模型是从企业组织的角度出发，研究如何创造一个良好的组织环境来促进知识创新的进程。也可认为，主动地在组织中创造相应的"场"要比直接管理知识的流转进程更加有效。

梁启华、何晓红（2006）认为，知识转化特别是隐性知识转化的障碍是：（1）隐性知识表达困难、不易交流；（2）隐性知识拥有者具有垄断和独占心理；（3）受到企业传统组织体制的制约；（4）缺少有效的知识转化激励机制；（5）缺少知识主导型的企业文化；（6）知识管理技术和手段不完善。

戴俊认为，由于组织是具有层次结构的，个人是构成组织的基本单元，团队则是最小的组织单元，因此企业组织可分为三个层次，即个人—团队—组织。因而知识转化一般存在三种模式：个人—个人的知识转化、个人—团队的知识转化、团队—组织的知识转化。

2.4 核心能力结构理论

邹海林（1999）主要从技术角度出发将核心能力体系分为10个评价指标：企业科技人员占职工总数的比例、直接从事R&D的人员占职工总数的比例、R&D经费、企业专利成果发明数量、企业新产品销售收入占企业销售收入的比例、企业产品占有市场份额的多少、企业具有和自己技术相关的产品族、企业产品在消费者中的美誉度、产品和技术领先当时科技水平的程度、同类产品更新换代速度。

赵国浩、郭斌、蔡宁（2001）从存量、过程、绩效审计三个层面引入产业市场和技术动态因子，建立了企业核心能力的动态测评体系，认为核心能力动态体系包括如下构成要素：企业战略能力（高层管理对企业创新活动的支持与参与、企业经营战略与技术战略整合程度、企业家与企业家精神、企业战略性共识、企业长期化行为倾向）、企业核心制造能力（制造设备存量水平、制造设备投资、制造能力的内部评价、设备运用水平、制造过程的质量管理、制造成本）、企业核心技术能力（核心技术水平评价、新产品开发活动的交流沟通与参与状况、企业技术开发投入、促进效率提高的工具和方法在产品技术开发中的应用、产品开发能力内部评价、企业技术产出状况、工艺创新投入、自主工艺开发能力、工艺创新能力内部评价、促进效率提高的工具和方法在工艺技术开发中的应用、工艺创新与产品创新匹配程度评价）、企业组织界面管理能力（企业组织结构特征、对变革的接受程度与适应性、企业内部合作性文化与凝聚力、企业内部激励体制的有效性、外部界面、智能间界面、智能内亚界面）、企业核心营销能力（对市场需求及其变化的理解、对销售渠道的管理与控制、企业售后服务及用户关系、企业市场营销力量与水平）、企业经济绩效与产业动态（产业市场竞争、产业技术变革、人均绩效、增长率、市场占有率、新事业领域）。

邹海炜、李雷（2002）以客户为中心将企业核心能力分为以下构成要素：核心技术能力、核心生产能力、战略决策能力、企业文化、组织协调能力、营销能力；朱怀意（2002）将核心能力体系分为如下构成要素：R&D能力（企业科技人员占职工总数的比例、直接从事R&D的人员占职工总数的比例、R&D经费比例、企业专利成果发明相对数量、企业新产品销售收入占总销售收入的比例、产品和技术领先当时科技水平的程度）、产品创新能力（企业产品占有市场的份额、企业具有的和自己技术相关的产品族、企业产品在用户中的美誉度、同类产品更新换代的速度）、转化能力（科技成果转化比例、机会收益比例）、组织管理能力（组织结构的适应性、管理专业化程度、激励/奖惩机制运作效果、组织界面管理效果、企业文化建设效果）；蔡宁、阮刚辉（2002）提出了中小企业核心能力体系的如下构成要素：要素吸附能力（市场调研投入强度、信息采集投入强度、信息的利用程度、信息更新速度、技术引进投入强度、员工培训投入强度、与科研机构的联系、信息技术先进度）、整合开发能力（技术创新的规划能力、研发人员的整体水平、研究开发成果水平、研究开发的成功率、专利拥有情况、研究开发投入强度、开发速度、投产率、对技术的消化吸收能力）、资源运营能力（企业管理层的风险偏好、企业管理层的决策能力、管理层创新欲望与责任心、企业部门权能划分情况、企业奖惩制度、营销管理能力、市场营销能力、对销售渠道的控制与管理、销售人员素质、品牌经营能力）。

陈晓东、于江（2003）根据某运输企业的业务特征将核心能力分为采购能力（定义规格、计算花费）、运输能力（干线运输、支线运输、航空货运、公务机）、销售与市场能力（产品管理、消费者服务）、R&D能力（研究、产品发展）、绩效管理能力（监督、报酬体系）；杨善星（2003）认为企业的核心能力可分为核心技术能力、人力资本管理能力、创新能力、综合管理能力、营销能力、研发能力和企业文化。

季玉群（2004）将知识型企业核心能力体系分解为如下构成要素：核心市场能力（市场占有率、市场地位、市场前景、品牌信誉、市场适应能力、营销体制与网络、客户满意度）、核心技术能力（R&D投入强度、R&D人员素质、R&D成功率、核心技术专利数、核心技术水平、创新体系与策略、新产品开发周期、新产品开发数目、核心技术发展前景、核心技术延伸领域、新技术吸收转化率、对外合作能力)、核心管理能力(战略管理、组织管理、财务管理、人力资源管理、项目管理、危机管理、企业文化);胡恩华(2004)从识别与模糊评价的角度将企业核心能力体系分解为如下构成要素:价值创造性(企业产品族实际平均利润率与行业内企业的平均利润率之比、用户购买本企业产品所看重的价值的成长性)、可延展性(核心竞争力可以延伸到的产品数量、核心竞争力对产品族的作用程度、核心竞争力能作用到的产业领域数量、核心竞争力对产业族的作用程度)、难以模仿性(隐含性、稀缺性、其他企业获取核心竞争力应支付的成本)、自学习性(观念开发度、员工学习动机、信息传递速度)。

宋铁波(2005)从并购过程角度将企业核心能力的构成要素分为战略能力、技术能力、营销能力、采购和融资能力、制造能力、后勤能力、人力资源、组织制度、企业文化。

张卫国(2006)以财务定量指标为主要构成要素将核心能力分为核心管理能力(总资产周转率、应收账款周转率、资产利润率、企业盈利能力、资产负债率、资本积累率、高管人员本科及以上学历)、核心市场能力(主营业务利润率、销售净利润、市场占有率、销售收入增长率、销售毛利率、市场覆盖率、市场拓展能力)、核心技术能力(R&D投资比例、科技人员比例、员工及本科以上比例、成本优势系数、新产品比重);郑克俊(2006)将核心能力构成要素分为技术能力(资源利用系数、研究开发投入率、专有技术和专利、开发周期优势系数、成本优势、制造能力)、管理能力(战略管理能力、环境整合能力、人力资源能力、项目整合能力、企业家精神、用户满意度)、企业影响力(品牌形象影响力、市场占有率、企业文化影响力);李存芳(2006)根据商业企业的业务特性将企业核心能力分为如下构成要素:关键资源(投资收益率、资产负债率、全员劳动生产率、贷款回收率、信息实效性与可靠性、企业资信度)、核心技术能力(产品技术领先程度、核心技术的附加值、管理技术的领先程度)、协整能力(领导班子决策力、各级管理层的执行力、企业文化感召力)、新鲜知识(企业科技人员比重、学习研发经费比重、组织学习状况、产品和技术的自主率、产品市场占有率)。

崔玉宾(2017)从战略思想、资源环境和信息技术这三个方面解析了电商企业核心竞争力的结构。高升、陈康成(2018)解析了竞技体育产业的核心竞争力结构,构建了核心竞争力要素结构模型。单春霞、仲维周(2018)解析了煤炭企业核心竞争力的要素结构。张肖飞、翁世静(2018)从财务战略转型的视角解析了企业核心竞争力的要素结构。杨添天、张洪涛(2018)构建了地质调查机构核心竞争力的四元评价模型,分别是科技创新能力、制度管理能力、人才智慧力和资源整合力。

2.5 文献评述

知识管理理论、组织学习理论与核心能力理论是近十余年来现代企业理论的最新发展,都具有丰富的内涵并积累了大量的研究成果,主导着21世纪初期的管理学前沿性发展方向。但是,总的说来,这三种知识经济时代下的管理理论的研究路径处于一种并行状态,交汇研究的领域尚少,而交汇性的研究将对这三种战略理论的发展具有重要的现实意义,也将是未来知识管理理论、组织学习理论与核心能力理论的必然性研究趋势。本书的研究领域主要包括知识管理理论与核心能力理论,因此,理论综述的脉络首先从知识管理理论与核心能力理论出发,然后根据本书的研究需要而分别过渡到知识转化理论和核心能力结构理论,最后交汇于知识转化与核心能力的相关性理论。

2.5.1 知识管理理论与知识转化理论评述

知识管理理论广泛地探讨了知识管理的内涵、模式、对象与目标,提出了实施知识管理的具体方法,阐述了知识管理的实践意义。随着知识管理研究的深入,知识转化在知识管理中的核心地位和主导性作用已逐渐为理论界和实践界所认识和接受。在知识管理的所有环节或策略之中，知识转化具有突出的管理优势，是影响知识管理研究的首要因素。知识转化研究的兴起源于知识资本的分类，特别是源于 Polany 的显性知识和隐性知识的分类。因此，知识转化实质上就是显性知识与隐性知识之间或显性知识与隐性知识内部的转化。隐性知识是知识的主体，占据知识总量的 80% 以上，隐性知识转化与管理是知识转化与管理的主要内容。

对于知识转化的研究，野中郁次郎（Nonaka）与竹内广隆（Takeuchi）做出了巨大的贡献，他们所提出的 SECI 模型在知识转化研究领域具有卓越性地位，奠定了知识转化研究的未来发展方向。但是，SECI 模型是知识转化研究初期阶段的产物，是根据 20 世纪 90 年代日本企业的知识转化活动而形成的，因此不可能包含任何环境下知识转化的所有内容。并且，在 SECI 模型中，Nonaka 过多地强调了知识内隐化和知识外显化的功能，主要源于当时日本技术主导型的高度发达的经济社会的现状。而事实上，企业的知识转化行为，特别是我国企业的知识转化行为，存在着与当时的日本企业显著不同的内外部环境。因此，SECI 模型在我国企业知识转化领域的研究与应用应密切联系于我国企业的现实状况。

知识转化的测度是知识转化研究中的一个重要研究方向，也是现阶段知识转化研究中的一个薄弱环节。SECI 模型在知识转化研究领域具有里程碑性的作用，奠定了知识转化研究的权威性基础，但是，SECI 模型只是对知识转化过程一种概要性的描述，不能直接构成知识转化的测度体系。因此，合理的知识转化测度体系的构建必须基于 SECI 模型的构架进行深化和扩展才能实现。

2.5.2 核心能力理论与核心能力结构理论评述

核心能力理论是企业战略理论发展的前沿性内容，是对波特第四代战略理论的补充和完善，揭示了知识经济时代企业竞争和发展的本质性动力和源泉。核心能力的微观结构的探讨是目前核心能力理论研究的一个重要内容，而我国企业核心能力的结构分析必须结合我国经济运行的现实性内外部环境。

根据企业核心能力理论可知，核心能力是企业技术水平、研发能力、产品设计能力、生产能力、管理能力、市场能力、组织结构效率的综合体现。归根结底，企业核心能力体现于四个方面：管理能力、技术能力、市场能力以及具有隐性特征的整合能力。

在我国企业界长期流行一种错误的观点，即将技术能力等同于核心能力（袁庆宏，2001）。这种错误论断产生的原因有两个：一是核心能力理论的探讨和实践在我国兴起较晚，落后于西方国家十年左右，致使许多企业根本没有彻底理解和领悟核心能力的内涵；二是由于我国的市场发育尚未进入成熟状态，总体生产力水平不高，技术要素在许多企业经营中起到至关重要的作用，管理机制与市场开发的功能还没有完全凸显出来。这种误导性的论断将会严重阻碍我国企业核心能力培育的进程，致使企业在核心能力培育时一叶障目、不见泰山，局限于技术引进与技术升级，而未能将管理能力与市场能力全面纳入研究视野，最后当然也不可能对企业经营绩效起到扭转性的决定作用。事实上，核心技术只是企业核心能力的一个重要组成部分，没有自己核心技术的企业，特别是生产型企业，其核心能力根本无从谈起。但是仅有核心技术的企业也将难以建立自身的核心能力，核心技术必须与企业发展的基本目标相一致，必须与企业的生产经营、组织管理、市场营销等其他价值活动相互协调和促进，才能最终形成核心能力。

2.5.3 知识管理与核心能力的交汇性研究评述

知识管理理论的研究与核心能力理论的研究在时间上具有同步性，两者的萌芽状态均起源于20世纪中期，均在20世纪末期得到了人们的关注和重视，并且在21世纪初期得到了成熟性的发展，引起了管理学界的高度重视。

然而，知识管理理论的研究与核心能力理论的研究在很长一段时间内局限于各自的研究领域，处于一种并行状态，缺乏必要的融合性。而在本质上，知识管理与核心能力都是知识经济时代的产物，共同的目标是提高企业的市场竞争优势并改善企业的运作绩效，因此，这两种现代企业理论必然存在着千丝万缕的联系。事实上，从企业微观运作机理的角度来分析，知识管理对企业的激励功能是通过对核心能力的激励而实现的，即知识资本是核心能力的源泉，知识管理是企业核心能力培育的重要手段，知识管理效率的提高直接促进了企业核心能力的形成，知识管理对企业运作绩效的改善是通过对企业核心能力的培育而实现的，这正是知识理论的本质性内容。

3 研究模型的构建与研究假设的提出

研究模型的构建是实证型研究得以开展的平台,概括了本书研究的基本框架。研究模型的设计必须建立在严密的理论分析基础之上,然后才能提出科学的理论假设。根据 SECI 模型的内涵,知识转化可分为社会化、外显化、组合化和内隐化四个阶段。根据核心能力的结构研究成果,核心能力可分为核心管理能力、核心技术能力、核心市场能力与核心整合能力四个要素。根据知识理论的内涵,知识转化的四个阶段对核心能力的四个构成要素在微观路径上均存在激励性功能。因此,通过知识转化在核心能力形成过程中的微观传导效应的理论解析,可以合理地构建起本书的研究模型,并提出本书的研究假设。

3.1 基础理论分析

3.1.1 知识转化与核心能力相关性的理论分析

在核心能力的起源上,知识理论占据主导性地位,即在知识经济时代,企业的核心能力起源于源于企业的知识活动,是知识管理的产物。由于在知识管理过程中,知识转化具有突出性的优势,占据主导性的地位,在很大程度上决定了知识管理的成败,因此,知识转化是企业核心能力形成的一个重要因素,尤其在知识管理的成熟阶段,知识转化甚至是改善核心能力的唯一关键性因素。

因此,随着知识理论的深入发展,知识管理与核心能力的相关性逐渐被管理学界所重视，特别在 21 世纪初期，基于知识管理视角的核心能力培育研究已成为管理学的研究风潮。继而，随着这种相关性研究的深入，由于知识转化在知识管理中的特殊价值逐步被人们所重视，知识管理与核心能力的相关性研究逐渐演化成知识转化与核心能力的相关性研究。国内外许多学者探讨了知识转化对核心能力的激励性功能，分析了各种环境下知识转化在核心能力培育上的微观路径机理，取得了较大的成果。

Peter H.（2000）研究了知识转化对团队成长的重要性，并根据美国化工系统的知识转化实践经验构建了团队成长过程中的知识转化模型，认为知识转化是知识经济时代各种企业能力形成的基础。通过了具体的案例分析，Peter H. 指出了团队能力的停滞或倒退主要源于对知识转化的忽视。Alce Lam（2000）研究了知识转化与组织学习的相关性，认为知识转化与组织学习之间具有高度的正向相关性，企业的目标是如何将知识转化与组织学习整合成一个规制性的框架，共同完成企业的运作目标。Roy Lubit（2001）强调了企业创新战略环境下知识转化在核心能力形成上的重要性，指出了知识转化的过程在本质上是核心能力的形成过程，并且在一定环境下等同于企业的技术创新过程。Roy Lubit（2001）特别强调了隐性知识转化对核心能力形成的促进功能，认为隐性知识之间的转化以及隐性知识与显性知识之间的转化是企业获取持久竞争优势的根源。

同样，知识转化在核心能力形成过程中的重要性在我国知识理论研究领域也引起了高度的关注。早在 1997 年，汪丁丁从经济学的角度指出了知识转化的社会效应。他认为，自人类社会知识分工以来，个人拥有的知识在总量上和内容上的差异已空前增大。因此，在实际工作中，每个人都需要向他人学习新的知识，都会向他人传授自己的知识。企业中个人、团队、组织之间的知识传递与接受构成了知识交流网络，这是知识经济时代企业运营的一个显著特征。汪丁丁的思想在一定程度上隐含了知识转化对经济发展与社会进步的基础性促进作用。2001 年，项国鹏指出，知识管理与核心能力是目前国内管理学界讨论的两大热点问题，研究这两个问题对于提高我国企业的管理水平、增强企业竞争力是有重要意义的。同时，他又进一步指出，"大部分文献对两者的研究分而论之，结合性的研究实不多见"，是我国企业战略理论研究领域的一个不足之处。

企业的知识转化是一个体系，包含着若干构成要素。同样，核心能力也是一个体系，包含着若干构成要素，知识转化对核心能力的促进功能实质上蕴含着知识转化的各个要素对核心能力各个要素的促进功能。基于SECI模型的分析，知识转化可分为社会化、外显化、组合化和内隐化四个要素，而在常规上，核心能力可以包含企业的各种能力。因此，知识转化的四个要素对企业的各种能力在理论上均应该存在促进功能。SECI知识转化模型实际上是企业人力资源增加、积累或者人力资本增值的模型，SECI知识转化过程实际上也就是企业人力资源增加、积累或者人力资本增值的过程，所以，SECI模型可以认为是企业人力资本各种形成方式的具体化，是企业独特的核心能力的形成过程（戴秋霞，2004）。

在微观路径上，知识转化首先可以使员工不断地将自己的隐性知识转化为企业的显性知识，成为企业的知识资本，在抑制企业知识资本流失的同时也使企业的知识库得到了扩张；其次，知识转化可以使员工逐步受到企业精神、文化的熏陶，增加了员工对企业的忠诚度和敬业度（刘红勤，2004）；最后，知识转化可以促进组织学习的发展，通过组织学习效率的改善而使企业的运作效率得到改善。知识转化对企业核心能力促进功能的实现要借助于一定的知识转化平台，如网络系统、数据库，以及优秀的企业文化（戴俊等，2004）。

因此，核心能力是企业持久竞争优势之源，而知识转化是提高企业核心能力的有效手段。知识转化是通过对企业知识资源的开发和利用以提高企业的创新能力，从而提高企业的价值创造能力。在以知识为基础的世界里，知识已逐步转变为企业创新能力的内在核心因素；企业中的每个员工都有自己特殊的经历，每个团队都有自己特殊的运作环境和机制。因此，员工和团队作为组织的知识主体都拥有自己特殊的知识，这些知识在很多情况下是其他知识主体所需要的。因此，在知识管理过程中，企业的主要目标是实现知识资本从一种形态向另一种形态转化（刘珺，2006）。

3.1.2 知识转化体系的解析

Nonaka 的经典性知识转化模型——SECI 模型——在知识转化研究领域具有里程碑性的作用，奠定了知识转化研究的基础。Nonaka 的螺旋性知识转化模型将知识转化分解为四个相互承接的阶段，即知识社会化、知识外显化、知识组合化与知识内隐化。当然，SECI 模型是在 Polany 所提出的显性知识和隐性知识分类的基础上产生的，知识转化的过程仍旧围绕着显性知识和隐性知识而展开。

Nonaka 认为，知识社会化是指隐性知识到隐性知识的转化，知识外显化是指隐性知识到显性知识的转化，知识组合化是指显性知识到显性知识的转化，知识内隐化是指显性知识到隐性知识的转化。并且，在知识转化过程中，知识的内隐化和外显化是知识转化的关键性阶段。Nonaka 的 SECI 模型全面地描述了知识转化的动态性过程以及知识流的转化方向。因此，已经成为知识转化研究领域的基础性模型，几乎所有的知识转化研究均以此模型为平台进行扩展和深化。

知识转化体系的构建一般包括四个要素：社会化、外显化、组合化和内隐化。这四种知识转化形式在时间上是并行的，在空间上是承接的，因此能够全面地反映出知识转化的特征。在知识转化体系内部，这四个转化要素在功能上是等同的，每个转化要素都是实现知识转化所必不可少的环节，任何一个要素的缺失都会导致知识转化的失败。所以，对知识转化体系的四个要素测度的综合就可以实现对知识转化体系的综合性测度。

在现实性的知识转化过程中，知识转化是一种纷繁复杂的知识活动。但是，每一种知识转化活动都可以归入 SECI 模型中的某一个转化阶段，即都可以使用相应的转化要素来对任一种知识转化活动进行定性描述，从而实现了对知识转化体系的概括性描述，为知识转化体系的实证性研究的开展创造了条件。

3.1.3 核心能力形成体系的解析

核心能力是一个合力系统，是企业各种能力的综合，包含了企业各种能力要素及其相互之间的作用机制。在本质上，核心能力的大小代表了企业竞争能力的强弱。企业能力是多方面的，并且随着企业的性质、状态和特征的不同而不断调整。但是，一般而言，核心能力包括管理能力、技术能力、市场能力和整合能力四个要素。

管理能力是体现在提高企业管理水平上的能力，技术能力是体现在提高企业技术开发水平上的能力，市场能力是体现在提高企业产品营销水平上的能力，这三种能力均属于企业的基本运作能力。整合能力是企业具有的对三种基本能力进行整合，从而使之形成企业核心能力的能力。可以认为，整合能力是一种黏合剂，将企业的三种基本能力有机地组合在一起，通过相互之间内部机制的调整和融合，从而形成一种超越性的企业竞争能力。因为核心能力不是企业各种能力的简单的合成，而是企业各种能力相互作用的结果。因此，整合能力在核心能力形成过程中具有独特的作用。

因此，从静态的角度来分析，企业核心能力包括管理能力、技术能力、市场能力和整合能力4个方面，每一种企业能力的增强都可以正向地促进企业核心能力的形成。核心能力的形成是一个动态性的体系，是指核心能力的成长速度或变化趋势，即单位时间内核心能力的变化量。根据核心能力的静态构成要素，核心能力形成测度体系包括管理能力形成、技术能力形成、市场能力形成和整合能力形成四个要素，分别代表单位时间内企业管理能力、技术能力、市场能力和整合能力的成长速度。

3.2 研究假设的理论分析

根据知识理论的内涵与知识转化的特性可知，知识转化在企业核心能力形成过程中具有决定性的作用。由于知识转化与核心能力形成都是一个综合性的体系，都包含若干组成要素。因此，知识转化的诸要素对核心能力形成的诸要素应该存在着交错性激励功能。也就是说，知识社会化、知识外显化、知识组合化与知识内隐化对核心管理能力形成、核心技术能力形成、核心市场能力形成与核心整合能力形成均存在着程度不等的正向激励性作用。

知识转化对核心能力形成的激励路径是复杂的，知识转化的各个要素对核心能力形成的各个要素的激励方式是多变的，但是，根据知识理论的核心内容，这种双重激励的机制是客观存在的。正是通过这种双重激励机制的传导效应，知识转化才实现了其本身的管理功能。对知识转化在核心能力形成路径上的微观传导机制的分析、完善和验证是知识转化研究的一个重要方向。

3.2.1 社会化与核心能力形成

社会化是指组织内部各主体之间通过共享经历而建立隐性知识的过程，而获得隐性知识的关键方式是观察、模仿和实践，而不是语言。Nonaka 认为，员工个体之间隐性知识的流动与转化，是企业组织知识形成的最终基础，也是企业知识创新的源头。Collins 和 Lam (1993) 将社会化后组织知识中为个人所掌握的隐性知识定义为"体化知识"（embodied knowledge），体化知识是一种只有和事件相联系时才有实际意义的特殊知识，它的产生和应用混为一体，不需要有意识地计划，具有较强的自发性。社会化过程提高了企业隐性知识的总量与质量，表现在个人、团队、组织三个方面。

社会化过程首先提高了个人隐性知识的总量和质量，其结果源于个人、团队、组织三类隐性知识的转化（Haldin-Herrgard, 2004）。社会化过程使技术人员通过模仿、深度会谈、强度思考等方式提高了内在的设计、开发技能，调整并改善了思维定势，使技术人员的创新能力得到脱胎换骨式的升华。社会化过程使市场人员从他人处获取了只可意会、不可言传的市场经验，同时也激化其对（催生销售团队）过去辉煌的一系列市场措施的领悟，使市场人员对市场前景、容量、趋势变迁具有更加敏锐的判断。社会化过程在潜移默化中提升了生产人员的技能，使其能够灵活地解决生产中的异常问题，加深对设备性能的了解,将潜性生产诀窍成功地转化为常规思维(Szulanski,1996)。曾对我国传统企业的发展产生重大促进作用的"师徒传帮带"模式是典型的知识社会化过程,企业中常见的"在职培训"也属于知识社会化模式(齐建珍,2001)。社会化过程使管理人员从他人、自己与团队的成功与挫败中吸取经验,既增强全局统控能力又可以使微观业务流程高度协调,使管理直觉更趋于现实化。同时社会化过程使管理人员更有效地引进和实施先进的管理方法与工具,将前沿管理思想与理念成功地融入传统的管理模式之中。

其次,社会化过程提高了团队与组织隐性知识的总量和质量,其结果也源于个人、团队、组织三类隐性知识的转化。首先,在社会化过程中,团队与组织的运作能力得到提高,环境适应性能得到改善,内部协调机制进一步加强,使团队和组织变得更有弹性,最大限度地实现自主管理。其次,社会化过程使企业信息系统(MIS、ERP、CRM等)的应用效率得到提高、员工的整体业务素质增强、全体人员更善于思考、组织学习初见成效、决策层更善于总结和反思、员工心理契约更加成熟,共同愿景和共同构想得到进一步强化。最后,社会化过程使先进人物的事迹融入企业文化建设之中,企业荣誉与传统对员工产生较大的激励作用,团队精神或集体精神得到进一步发扬。总之,社会化促进了团队与组织内生性潜能的积累与增长,使其运行效率产生质的飞跃。

根据分析结果,可提出如下假设:

H1a:知识社会化对企业核心管理能力形成具有正向促进作用。
H1b:知识社会化对企业核心技术能力形成具有正向促进作用。
H1c:知识社会化对企业核心市场能力形成具有正向促进作用。
H1d:知识社会化对企业核心整合能力形成具有正向促进作用。

3.2.2 外显化与核心能力形成

外显化是将隐性知识用显性化的语言、文字清晰地表达出来的过程,其主要转化方式有隐喻、类比、概念、模型等。Nonaka认为,这是知识创造过程中至关重要的环节。Collins和Lam(1993)将外显化后组织所拥有的显性知识定义为"编码知识"(encoded knowledge)。编码知识在编码之后以格式化的形式储存于组织的规章程序之中,通过符号和标识进行传递,倾向于使组织产生可预测的行为与结果,使组织控制更为便利。由于不能获取和保留个人的隐性技能,编码知识有简单化的特点。外显化过程提高了企业显性知识的总量和质量,其结果表现在个人、团队、组织三个方面。

个人的显性知识总量与质量在外显化过程中得到提高,其来源于个人、团队、组织隐性知识的转化。在外显化过程中,技术人员能够将自己与团队的技术要领、创新方式等隐性技能以易于接受方领悟的形式表现出来。这些内容大部分以格式化文档的形式承载,只是少部分以口语形式传播。这一过程是丰富企业数据库与知识库的关键一步,同时对生产过程也具有至关重要的连锁效应。外显化过程中,市场人员能从别人的心得体会中得到启示,在分析公司营销经典案例的过程中豁然开朗,并且愿意将自己的市场拓展经验、诀窍、要领转告团队其他成员。其结果是每一位市场人员都能较好地提升对市场动态变化趋势的审视能力,并适时地调整自己的市场行为。外显化过程使管理人员能够更精确地把握公司前沿动向,从公司数据库中提炼出第一手翔实数据,为顺利地激活管理要素并削弱管理障碍提供了有效的支持工具。外显化过程要求管理人员能够开诚布公、开放心智模式,虚心学习对方的强势管理能力,完善圣吉博士所倡导的系统思考能力(Ambrosini & Bowman,2001)。外显化过程可以使生产人员加强对生产规章制度的理解,实施相互督促与警示,从深层次对生产流程形成全方位的把握与认识,将本岗位的操作章程精细化与明确化,形成实用性更强的使用手册和操作指南,同时也使公司决议与团队指示更易在基层操作人员中得到贯彻执行,使生产工作进入持续良性循环状态。

外显化过程提高了企业显性知识的总量和质量,其结果也同样源于个人、团队、组织三类隐性知识的转化。首先,外显化使企业数据库建设与资料库建设更完善、决策层决策信息更充分、组织学习的效果更明显。实现企业内部要素与外部环境要素的融合式交流,提高了复杂环境下企业的柔性变迁能力。其次，外显化使优秀的组织传统与经验被以规范的形式固定和展示，先进团队的事迹在组织内被宣传，组织的规章制度和管理条例被重新修订，业务流程和技术规范被优化，管理与技术专家的技能与诀窍被强化实施与推广，组织结构与公司制度显示出更强的现实性与合理性，企业文化得到进一步充实（王德禄，2003）。最后，社会化使企业的职工培训制度更加完善，组织激励机制更加公平与合理、领导决策更加民主化。

根据分析结果，可提出如下假设：

H2a：知识外显化对企业核心管理能力形成具有正向促进作用。

H2b：知识外显化对企业核心技术能力形成具有正向促进作用。

H2c：知识外显化对企业核心市场能力形成具有正向促进作用。

H2d：知识外显化对企业核心整合能力形成具有正向促进作用。

3.2.3 组合化与核心能力形成

Collins 和 Lam（1993）将组合化后个人所掌握的显性知识定义为"脑内知识"（embrained knowledg）。脑内知识依赖于个人的概念技能和认知能力，是正规的、抽象的或理论的知识。知识组合化过程促进了显性知识的重新组合与优化，在增加了企业显性知识总量的同时，也使企业的显性知识发生质变，实现了自身的价值增值，表现在个人、团队与组织三个方面。

首先，组合化提高了个人显性知识的总量和质量，由个人、团队、组织三类显性知识转化而成。组合化丰富了技术人员用以相互交流、探讨、学习的资料和数据，为技术人员的自我超越提供了平台与切入点。此过程可以使技术人员获取他人与团队、组织的成熟模型、方案、设计报告，在短时间内扩充自身的技术视野，为技术跃变创造条件。组合化过程使市场人员在轻松愉快的交谈环境中相互获取更多的最新市场信息，也可以从公司的销售数据、报表等统计资料中对产品市场形成全方位的认识。同时将自己的业务记录置于统一信息管理框架之下（llen，1977）。组合化过程可以使管理人员对近距离的管理资料、档案、规则等进行重新编排和分类，使管理工作进一步科学化和条理化，同时促使管理人员有意识地在分管部门进行数据收集，增加可控信息总量。在组合化过程中，生产人员可以进一步加强对生产规则、章程的认识，自觉地提升执行力度，使生产关系更加透明化，增强生产过程的协调性与灵活性。

其次，组合化过程提高了企业显性知识的总量和质量，其结果源于个人、团队、组织三类显性知识的转化。第一，组合化能够促进技术、经验与知识的交流，成员之间实现坦率、真诚、友好的沟通，削弱团队间与成员间隔阂，增强组织与团队的透明度，为实现组织扁平化结构并增强组织运作效率提供基础设施。第二，组合化能够有效地消除团队文化障碍，增强团队间的信任度，提升团队近距离协作能力。使企业的凝聚力与向心力更强、企业的规章制度得到有效修订、技术规范得到合理改进、库存管理更加科学、企业的资料库得到进一步丰富。

最后，组合化有利于营造组织的民主气氛，使企业文化建设更活跃，信息系统的应用效率明显上升，决策层更加众志成城，企业层级关系更加透明，决策层的决议与精神更容易得到贯彻执行。

根据分析结果，可提出如下假设：

H3a：知识组合化对企业核心管理能力形成具有正向促进作用。
H3b：知识组合化对企业核心技术能力形成具有正向促进作用。
H3c：知识组合化对企业核心市场能力形成具有正向促进作用。
H3d：知识组合化对企业核心整合能力形成具有正向促进作用。

3.2.4　内隐化与核心能力形成

内隐化是将显性知识形象化和具体化的过程，让组合化过程所产生的显性知识被组织员工消化和吸收后，升华为个人和组织的隐性知识。Collins 和 Lam（1993）将内隐化过程后所形成的组织隐性知识定义为"嵌入知识"（embedded knowledge）。嵌入知识储存于组织的日常事务与行为模式当中，是存于组织层面的隐性知识，它基于组织成员对企业价值文化的共同信仰和追求，根植于组织内的团体行为与理念之中，可以支持组织在规制缺失的情况下进行复杂的互动活动。知识内隐化的结果是增加了组织隐性知识的总量,包括个人、团队、组织三个方面。

个人隐性知识总量和质量在社会化过程中得到提高,其结果源于个人、团队、组织显性知识的转化。技术人员在会议、培训、报告过程中提高了自身的产品开发技能,更加务实地实现有效产品开发,为社会化阶段形成的知识与技能寻找到一个恰如其分的着力点,暂时剥离非即时有效知识,集中全力于与公司产品高度相关的技术活动范围,从而最大化地实现自身隐性知识的市场价值与社会价值(Leif Edvinsson & Malone Michael,1997)。在这一过程中,市场人员能够从公司的产品数据库中获取全面、翔实的资料,进而形成与优化对市场活动的全方位综合观测与判断能力,修正与弥补社会化过程中的思维偏差,较准确地识别出销售网络中的障碍要素,成功地维持与巩固销售渠道的稳健性。内隐化过程中管理人员能够从杂乱的公司数据与信息中挖掘出有益于净化自身管理能力的结果,调整管理方向与力度,使管理行为与公司长期战略相一致,弥补了社会化阶段即兴判断的不足(Becker,1964)。同时,管理人员能够广纳众议、博纳百家之长,修正自身管理行为定势,运用深度反省与自我批评,使管理能力精益求精。内隐化过程使生产人员更加贴切地领会公司精神与宗旨,将优秀公司文化转化为个人信念,自发产生对团队英雄人物的崇拜,将个人利益与公司利益融于同一思维系统。内隐化与社会化对生产人员隐性知识的生成功能是互补的,激励生产人员由"外部人"向"内部人"转化,最终变为名副其实的"公司人"。

内隐化过程提高了企业隐性知识的总量和质量,其结果由个人、团队、组织三类显性知识转化而成。正如 Nonaka 所强调,团队与组织的隐性知识,即企业核心能力的关键构成要素,主要形成于这一转化阶段。这一过程在企业活动中的具体表现是:首先,在这一过程中,组织与团队能够摒弃与超越传统思维模式,团队精神得到充分发扬、组织结构与治理结构得到改进、组织的市场应变能力更强(Argote & Ingram,2000)。组织性能经过实践的锤炼与改造而使组织柔性得到进一步扩张。其次,内隐化过程使信息系统和功能得到合理升级与扩展，决策层更具有活力、决策效率得到提高，绩效考核系统得到进一步优化，团队创新能力与组织协调能力愈益成熟（Sveiby，1997）。最后，在内隐化过程中，中坚人物的壮举真正被公司大部分员工所诚服而转化为企业精神的一部分，企业文化建设得到升华，企业行为更加理性化、企业资料库与数据库的信息传播功能增加（夏敬华、金昕，2003）。

根据分析结果，可提出如下假设：

H4a：知识内隐化对企业核心管理能力形成具有正向促进作用。
H4b：知识内隐化对企业核心技术能力形成具有正向促进作用。
H4c：知识内隐化对企业核心市场能力形成具有正向促进作用。
H4d：知识内隐化对企业核心整合能力形成具有正向促进作用。

3.2.5 研究假设的简短总结

从以上分析可知，对个人而言，有两种方式提升其隐性知识总量与质量，社会化与内隐化。同时也有两种方式提升其显性知识的总量与质量，外显化与组合化。社会化与内隐化对于提升技术人员技术开发与设计能力具有至关重要的作用，而外显化与组合化起到辅助作用；组合化与内隐化对提升市场人员的市场开发能力具有主导作用，而社会化和外显化起到辅助作用；外显化与组合化对提升管理人员的管理能力具有主导作用，而社会化和内隐化具有辅助作用；组合化对于提高生产人员的生产能力具有主导作用，而社会化、外显化、内隐化具有辅助作用。四种知识转化活动对于核心能力的促进作用问题，至今缺乏理论性的深入探讨，在此不作过多具体假设性的总结。本书实证检验的结果可以为此提供说服力较强的理论补充。

对于团队和组织而言，社会化和内隐化提升了其隐性知识的总量和质量，外显化和组合化提升了其显性知识的总量和质量。知识转化对于团队与组织的总体效应是，增加了企业的人力资本总量、优化了组织结构、强化了有利于企业高效运行的规则与条例、提高了领导层的决策效率、促进了员工的创新精神、实现了企业的技术革新和流程再造。总之，团队与组织能力在知识转化中再生、成长与壮大，团队精神与组织文化在知识转化中经受风霜洗礼,知识转化催生了团队脱胎换骨式的循环超越,为企业核心能力的孕育提供了丰厚的土壤。

3.3 研究模型的构建与研究假设的提出

3.3.1 研究模型的构建

根据理论分析和研究框架,本书可以得到如图 3-1 所示的模型结构:模型包含 4 个自变量(外源潜变量、外源因子),即知识社会化、知识外显化、知识组合化、知识内隐化;模型包含 4 个因变量(内生潜变量、内生因子),即核心管理能力形成、核心技术能力形成、核心市场能力形成、核心整合能力形成。外源因子和内生因子之间有 16 条传输路径,即代表知识转化的 16 种价值实现效应。假设知识转化四个阶段之间存在一定的相关性,可以通过 4 个外源因子之间 6 条相关系数路径得到反映。

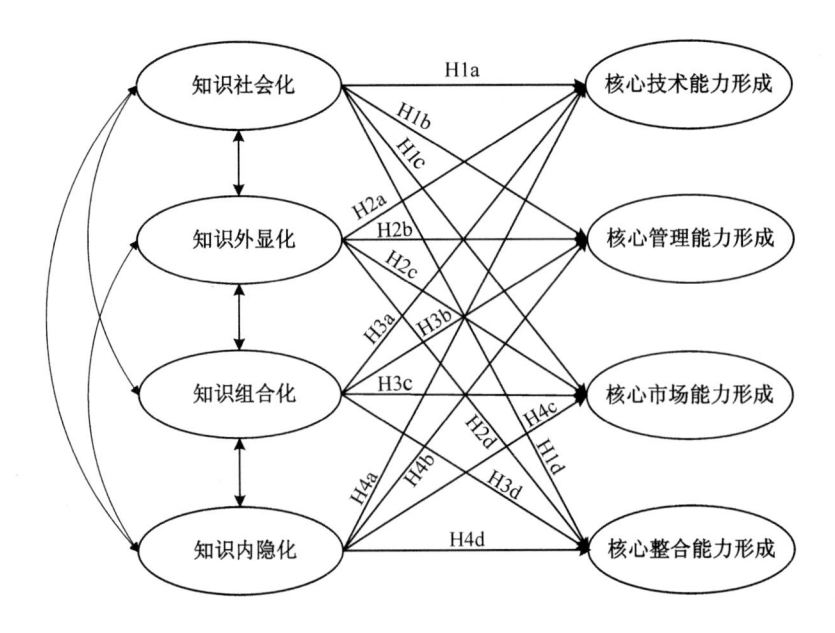

图 3-1 研究模型

Fig. 3-1 Research model

3.3.2 研究假设的提出

设知识社会化为 ξ_1、知识外显化为 ξ_2、知识组合化为 ξ_3、知识内隐化为 ξ_4，同时设核心管理能力形成为 η_1、核心技术能力形成为 η_2、核心市场能力形成为 η_3、核心整合能力形成为 η_4，则根据研究模型，提出本书的研究假设如表 3-1 所示。

表 3-1 研究假设

Table 3-1 Research hypothesis

假设	路径表示	假设内容
H1a	$\xi_1 \to \eta_1$	知识社会化对企业核心管理能力形成具有正向促进作用
H1b	$\xi_1 \to \eta_2$	知识社会化对企业核心技术能力形成具有正向促进作用
H1c	$\xi_1 \to \eta_3$	知识社会化对企业核心市场能力形成具有正向促进作用
H1d	$\xi_1 \to \eta_4$	知识社会化对企业核心整合能力形成具有正向促进作用
H2a	$\xi_2 \to \eta_1$	知识外显化对企业核心管理能力形成具有正向促进作用
H2b	$\xi_2 \to \eta_2$	知识外显化对企业核心技术能力形成具有正向促进作用
H2c	$\xi_2 \to \eta_3$	知识外显化对企业核心市场能力形成具有正向促进作用
H2d	$\xi_2 \to \eta_4$	知识外显化对企业核心整合能力形成具有正向促进作用
H3a	$\xi_3 \to \eta_1$	知识组合化对企业核心管理能力形成具有正向促进作用
H3b	$\xi_3 \to \eta_2$	知识组合化对企业核心技术能力形成具有正向促进作用
H3c	$\xi_3 \to \eta_3$	知识组合化对企业核心市场能力形成具有正向促进作用
H3d	$\xi_3 \to \eta_4$	知识组合化对企业核心整合能力形成具有正向促进作用
H4a	$\xi_4 \to \eta_1$	知识内隐化对企业核心管理能力形成具有正向促进作用
H4b	$\xi_4 \to \eta_2$	知识内隐化对企业核心技术能力形成具有正向促进作用
H4c	$\xi_4 \to \eta_3$	知识内隐化对企业核心市场能力形成具有正向促进作用
H4d	$\xi_4 \to \eta_4$	知识内隐化对企业核心整合能力形成具有正向促进作用

3.4 模型验证方法——结构方程模型

3.4.1 结构方程模型的概念

（1）结构方程分析的特征

结构方程分析，也称结构方程建模，是基于变量的协方差矩阵来分析变量之间关系的一种统计方法，所以也称为协方差结构分析。结构方程模型的优点是，同时处理多个因变量，容许自变量和因变量含测量误差；同时估计因子结构和因子关系，容许更大的弹性。即可以考虑高级因子，或者处理一个指标的从属于多个因子；估计整个模型的拟合程度（侯杰泰等，2004）。

结构方程分析主要是一种证实性技术，而不是一种探索性技术。尽管结构方程模型分析中也涉及一些探索性的因素，但研究人员主要通过应用结构方程模型来确定一个特定模型是否合理，而不是将其用来寻找和发现一种合适的模型。证明本书提出的模型是否存在一定的合理性与现实性，就可以达到本书研究的预期目的。因此，本书采用结构方程模型技术完全能够达到预期的研究目标。

（2）测量方程和结构方程

结构方程模型可分为测量方程（measurement equation）和结构方程（structural equation）两部分。测量方程描述潜变量与指标之间的关系，结构方程描述潜变量之间的关系。

外源潜变量测量方程形式如下：

$$X = \Lambda x \xi + \sigma \tag{3-1}$$

内生潜变量测量方程形式如下：

$$Y = \Lambda y \eta + \varepsilon \tag{3-2}$$

X —— 外源（exogenous）指标组成的向量；

Y —— 内生（endogenous）指标组成的向量；

ξ —— 外源潜变量；

η —— 内生潜变量；

Λ_X —— 外源指标与外源潜变量之间的关系，是外源指标在外源潜变量上的因子负荷矩阵；

Λ_Y —— 内生指标与内生潜变量之间的关系，是内生指标在内生潜变量上的因子负荷矩阵；

σ —— 外源指标 X 的误差项；

ε —— 内生指标 Y 的误差项。

结构方程规定了所研究的系统中假设的潜在自变量与潜在因变量

之间的因果关系，其基本形式如下：

$$\eta = \beta\eta + \Gamma\xi + \zeta \tag{3-3}$$

ξ——外源潜变量；

η——内生潜变量；

β——内生变量之间的关系；

Γ——外源潜变量对内生潜变量的影响；

ζ——结构方程的残差项，反映了η在方程中未能被解释的部分。

（3）结构方程模型的分析工具

本书统计分析主要运用SPSS 11.5统计软件和Lisrel 8.7软件。利用SPSS对模型中各要素进行探索性因子分析和Cronbach's α信度检验，利用Lisrel 8.7进行验证性因子分析和结构方程模型分析。Lisrel软件既可以实现协方差技术，又可以做到一般线性模型分析和通常的因子分析。其路径图可以更清楚地显示结构方程模型的原理，保证研究者避免测量误差的影响，更好地分析要素间的潜在关系。

一般说来，Lisrel分析所需要的样本数标准为：样本数减去欲估计的参数数目必须大于50，而且一般认为样本数在100—150才适合使用最大似然估计法（MLE）来估计结构模型。在样本数太大时（如超过400），MLE会变得过度敏感，容易导致结构方程不容易拟合或拟合度指标不佳。另外，样本数与指标数之比应大于5，低于5∶1的比例将使拟合结果产生严重的失真。

3.4.2 结构方程的验证过程

结构方程分析可分为四个步骤：（1）模型建构（model specification）；（2）模型拟合（model fitting）；（3）模型评价（model assessment）；（4）模型修正（model modification）。

模型建构包括以下内容：第一，确立观察变量（即指标，通常是题目）与潜变量（即因子，通常是概念）的关系。第二，确立各变量间的相互关系（制定因子间的相关效应和直接效应）。第三，在复杂模型中可以限制因子负荷和因子相关系数等参数的数值或关系。在建构模型时,应当先检查每一个测量模型的拟合效果。如果因子与指标的拟合性较差,即指标无法有效地说明因子,则不宜强行继续检查因子间关系。

模型拟合过程就是求解模型参数的估计值。在结构方程模型分析中,求解目标是求出使模型隐含的协方差矩阵(即再生矩阵)与样本协方差矩阵"差距"最小的参数估计值。

模型评价的主要内容是:(1)结构方程的解是否适当,包括迭代估计是否收敛、各参数估计值是否在合理范围之内;(2)参数与预设模型的关系是否合理。数据分析可能出现一些预期以外的结果,但各参数不应出现一些相互矛盾、与先验假设有严重冲突的现象;(3)检视多个不同类型的整体拟合指数,如 *NNFI*、*CFI*、*REMSEA*、*CHI-Square* 等,以衡量模型的拟合程度。

模型修正的内容主要包括:(1)依据理论或有关假设,提出一个或数个合理的先验模型;(2)检查潜变量(因子)与指标(题目)间的关系,增减或重组题目,建立测量模型。若用同一样本数据去修正重组测量模型,继而检查新模型的拟合指数,这个过程相当于探索性因子分析的功能;(3)若模型含有多个因子,可以循序渐进地、每次只检查含有两个因子的模型,确立测量模型部分合理后,再将所有因子合并成预设的先验模型,做一个总体检查;(4)对每一个模型,检查标准误、t 值、标准化残差、修正指数、参数期望改变值、*CHI-Square* 等各种拟合指数,以此为根据修改模型;(5)最后的模型依据某一样本修改而成,最好用另一个独立样本交互确定(cross-validate)。

本书原则上不进行模型修正,但不排除在特殊异常情况下适当进行。具体实施情况在模型初步验证之后再作决定。

3.4.3 结构方程的指数评价体系

评价结构方程的拟合优度时,应依据多个拟合指数的综合拟合结果,而不能依赖其中的一个或几个拟合指数的值。在满足基本拟合标准的基础上,拟合指数可分为绝对拟合指数、相对拟合指数、信息标准指数三类。

(1) 基本拟合标准

基本拟合标准是用来检验模型的误差、辨认问题或输入是否有误等，可衡量指标的衡量误差不能有负值、因子负荷不能太低（小于0.5）或太高（大于0.95），并且这些因子负荷是否都达到显著水平。

(2) 绝对拟合指数

拟合优度卡方值χ^2：拟合结果希望得到不显著的卡方值，即卡方值应该对其自由度相对很小。很小的卡方值说明拟合很好，很大的卡方值说明拟合不好。

χ^2/df：尽管卡方检验提供模型在统计上是否成功的信息，但卡方值与样本规模相关联。因而，它常常不能很好地判定模型的拟合。侯杰泰认为报告χ^2/df比单纯报告χ^2更受欢迎，特别在模型比较时更具有参考价值。并且他认为，存在一个直接与卡方相联系的粗略常规，即如果卡方值与自由度之比小于2，则认为模型拟合较好。

拟合优度指数 GFI（Goodness-of-Fit Index）：GFI 可以测定观察变量的方差的协方差矩阵 S 在多大程度上被模型定义的方差协方差矩阵 E 所预测。

调整拟合优度指数 AGFI（Adjusted Goodness-of-Fit Index）：AGFI 的最大值为1，表示完美拟合。一般情况下，AGFI 大于0.9时表示观察数据能够较好地拟合所定义的模型。

近似误差均方根 RMSEA（Root Mean Square Error of Approximation）：一般情况下，RMSEA 的值小于0.05时，可以认为模型的拟合效果较好。

表3-2对绝对拟合指数的参考标准值进行了概括性的总结。

表3-2 **绝对拟合指数标准值**

Table 3-2 Standard absolute index value

拟合度指标	χ^2	df	χ^2/df	GFI	AGFI	RMSEA
参考标准值	不显著	N/A	≤2.00	≥0.90	≥0.90	≤0.05

（3）相对拟合指数和信息标准指数

相对拟合指数反映了一个模型与另一个模型的相对拟合程度，常用的有标准拟合指数 *NFI*（Normal Fit Index）、非正态化拟合指数 *TLI*（Tucker-Lewis Index）、比较拟合指数 *CFI*（Comparative Fit Index）。*NFI* 值介于 0 和 1 之间，越接近于 1，表明模型拟合效果越好。*TLI* 的取值范围介于 0 和 1 之间，但不完全局限于这个范围，越接近于 1，表明模型拟合效果越好。同样，*CFI* 的取值也在 0 和 1 之间，越接近于 1，表明模型的拟合效果越好。信息标准指数有凯克信息标准 *AIC*（Akaike Information Criterion）、阿凯克信息标准 *CAIC*（Consistent Akaike Information Criterion）、期望交叉证实指数 *ECVI*（Expected Cross-Validation Index）。一般而言，信息标准指数的值越小，说明模型的拟合效果越好。

本章小结

本章在知识转化与核心能力形成的相关性理论分析的基础上，深入剖析了基于 SECI 模型的知识社会化、知识外显化、知识组合化与知识内隐化分别对核心管理能力、核心技术能力、核心市场能力与核心整合能力在微观路径上的激励性功能，由此构建了本书的研究模型，并提出了本书的研究假设，最后描述了本书的验证方法——结构方程模型的一般性特征。

4 知识转化的量表模型研究

知识转化的测度是本书研究的一个重要环节，用以构成相关性研究模型的解释变量体系。SECI 模型概括了知识转化的轮廓，对知识转化测度体系的设计具有指导性的作用，但不能深刻而全面地反映出知识转化的本质特征，因而不能直接作为知识转化的测度体系。本章在 SECI 模型的基础上，提出了核转化元的概念，用于表示知识转化的最小单元，继而构建起以核转化元为基本单位的知识转化测度体系。本章研究内容被国家自然科学基金委管理科学部认定的重要管理学期刊《研究与发展管理》录用。

4.1 知识转化量表设计的理论基础

知识转化是一个高度复杂的动态系统，不仅涉及组织、团队、个人等知识主体，而且涉及隐性知识和显性知识等知识客体，同时也涉及知识主体和知识客体的内部知识活动。因此，为了更加有效地构建知识转化的测度体系，本书首先提出了能够反映微观知识转化运动特征的一系列基本概念。这些预备概念虽然为数众多，但都是对现实的知识转化行为的概括和总结，均具有明确的内涵，因而具有较高的科学性和合理性。

4.1.1 预备概念的提出

知识元：适合于知识转化的知识本体中最小分解单位，可分为显性知识元和隐性知识元。

显性知识元：转化前的存在状态为显性知识的知识元，是显性知识的最小转化单位。

隐性知识元：转化前的存在状态为隐性知识的知识元，是隐性知识的最小转化单位。

知识源：知识转化的起点载体，即知识元运动的出发点，有个人、团体、组织三种形式。

知识宿：知识转化的终点载体，即知识元运动的吸收点，有个人、团体、组织三种形式。知识转化就是知识元由知识源向知识宿的运动过程。

知识线程：知识元从一个知识源到一个知识宿的运动过程。知识线程只强调知识元运动的起点和终点，不涉及知识转化的具体内容。知识源有3种形式，知识宿有3种形式，因此知识主体间知识线程有9种形式。另外，知识主体内部存在3种知识自我更新过程，即知识元在个人、团体、组织内部的酝酿与升华，所以SECI模型中每一阶段的知识转化过程共包含12种类型的知识线程。知识线程是一个动态的概念。

知识跃迁：知识元在知识线程中的质变。和SECI模型中知识转化的形式相同，知识跃迁也有4种形式：从隐性知识到隐性知识的跃迁、从隐性知识到显性知识的跃迁、从显性知识到显性知识的跃迁、从显性知识到隐性知识的跃迁。知识跃迁也就是知识元的一次成功转化过程。借助于SECI模型内容，本书将知识跃迁分为4种形式：社会化、外部化、组合化、内部化。知识跃迁是一个动态的概念。

转化元：赋予了知识跃迁具体内容的知识线程。由于知识线程有12种形式，知识跃迁有4种形式，因此知识转化过程共存在48种转化元。转化元是知识元的详细转化活动，包含了知识源、知识宿、知识元、知识线程、知识跃迁五个方面的信息。和知识线程一样，转化元也是动态的概念。转化元可分为核转化元、复合转化元和伪转化元3种形式。

核转化元：在知识转化过程中具有较强的实践意义、不可再分离出任何其他形式转化元的转化元，是知识转化的最小有效活动单位。

复合转化元：在知识转化过程中可分解为两个或两个以上转化元组合的转化元。

伪转化元：在知识转化过程中缺乏现实意义，不存在研究价值的转化元。

强转化元：在知识转化过程中作用较强烈、起主导作用的核转化元。

弱转化元：在知识转化过程中作用较微弱、起辅助作用的核转化元。

4.1.2 知识转化量表模型的设计思路

SECI模型自1995年由Nonaka提出以来，在知识转化研究领域备受推崇，一直是知识转化研究的理论框架和操作平台。一般而言，SECI模型具有如下特征：（1）SECI模型研究的重点主要在于知识的转化，是知识链的一个运作环节，不是知识链的全部，因此研究的重点不在知识投资、知识获取、知识存储、知识产出等方面；（2）SECI模型强调个人隐性知识是知识转化的起点，并且认为知识外显化和知识内隐化是知识转化过程中两个最重要的阶段。

近年来，随着知识转化研究的深入，出现了一些"SECI模型不完善"的论断，甚至认为SECI模型存在重大的缺陷。当然，SECI模型毕竟诞生于知识转化研究的初期，在研究范围上有待扩展，在研究层次上有待深化，必然存在许多有待探索和开垦的空间，不可能达到尽善尽美的地步。但是，SECI模型在知识转化研究领域的卓越性地位不可能在短时间内被替代、超越或否定。

SECI模型的不足之处主要体现于以下几个方面：（1）SECI模型专注于个人之间的知识转化，而没有关注组织、团队、个人之间的知识转化；（2）SECI模型把知识转化与知识转移等同起来，认为知识转化的过程必然伴随着知识的移动，没有关注到组织、团队、个人内部的知识转化；（3）SECI模型反映了知识转化的客体——知识资本的运动过程，而忽视了知识转化主体在知识转化过程中的能动性作用；（4）SECI模型过分强调了知识外显化和知识内隐化在知识转化过程中的作用，而没有认识到每个知识转化阶段的功能是随着知识转化环境的变迁而处于动态性的调整状态。

知识转化量表模型设计的主要目的是基于 SECI 模型，对知识转化的微观机理进行全面的探讨和描述，从而形成能够准确地反映知识转化特征的指标体系。其基本的设计原则是：（1）将知识转化的描述引入更微观的范畴。将知识元、知识线程、知识跃迁、转化元纳入知识转化解剖的基本单位之列，完全超越了 SECI 模型的基本分析单位——知识转化的 4 个阶段，以核转化元为基本单位，对知识转化机理进行详细的分析，建立起科学的知识转化测度体系；（2）将 SECI 模型的 4 个阶段置于同等的地位，建立起全方位的知识转化测度体系；（3）充分借鉴我国企业知识转化的研究成果，并与国外的知识转化研究成果相结合，构建知识转化体系的测度内容。

4.2 知识转化模型的分析与细化

知识转化模型设计的基本路径是：以 4 种知识跃迁为要素，每个要素以 12 种转化元为指标，共包含 4 个因子 48 个指标的初级测度体系。模型细化的基本路径是：首先根据知识转化的实践意义，剔除伪转化元和复合转化元，形成效度较高的仅包含核转化元的初级模型；然后通过因子分析，过滤掉弱转化元，对相关性较高的强转化元进行类型合并，最终形成信度与效度均较高的知识转化测评体系。

4.2.1 模型分析

基于转化元为基本分析单位分别对 4 种知识跃迁进行详细分析，最终目标是剔除复合转化元与伪转化元，并给核转化元赋予翔实的内容，为量表评价与修正做好先期准备工作。

（1）社会化知识跃迁分析

社会化知识跃迁是指从隐性知识到隐性知识的转化，其 12 种转化元的含义与特性如表 4-1 所示：

4 知识转化的量表模型研究

表 4-1 社会化知识跃迁

Table 4-1 Socialization knowledge transition

代号	知识源	知识宿	内容说明（隐性知识—隐性知识）	资料来源
S1	个人	个人	员工之间对技术变革、市场开拓、流程再造、组织结构优化等深层次的业务创新能力进行相互启示	Nonaka
S2	个人	团队	个人（往往是组织中的中坚人物）的才华、品格、能力等对团队潜移默化的激励	芮明杰
S3	个人	组织	个人（往往是组织中的中坚人物）的才华、品格、能力等对组织潜移默化的影响	芮明杰
S4	个人内部		个人在组织环境中的自我学习、领悟、提高过程，即知识在个人头脑中的升华	笔者总结
S5	团队	个人	团队经常对员工进行内部专业培训，以提高员工的工作技能	韩维贺
S6	团队	团队	团队之间通过座谈、联欢等集体交流形式而在团队能力、制度、结构、文化方面的相互启示	Nonaka
S7	团队	组织	优秀团队对组织的正面导向作用，或团队的重大运行失败对组织的警示作用	孙瑞
S8	团队内部		团队内通过自我反省、结构优化等管理方式而使团队能力、团队精神等得到改进和提高	笔者总结
S9	组织	个人	组织的价值观、企业环境、英雄人物、优良传统等企业文化要素对个人的感召与启示	Thomas
S10	组织	团队	组织的深层文化积淀对团队行为、能力、价值观的启示与激励	Nonaka
S11	组织	组织	复合转化元	
S12	组织内部		组织层面上的讨论、反思、总结，以提高组织的整体应变能力（往往反映于决策行为绩效上）	笔者总结

个人内部、团队内部、组织内部的知识转化也应该成为社会化知识跃迁的必要构成要素，而这方面的构成要素在研究知识社会化过程中往往被忽略。首先，从知识转化的角度来分析，这 3 种知识社会化

活动同其他各种知识社会化活动一样，都发生在组织的内部，都引起组织知识总量的增长或组织知识结构的优化，并且知识活动的主体与客体也完全相同，因此没有任何理由将其排斥在知识社会化过程之外（Spender，1996）。其次，这3种知识本体内部的社会化活动是和特定的组织环境相对应的，离开了这种特定的组织环境，类似路径的知识社会化活动可能会发生质的变迁。个体如果处于与其契合度较高的组织或团队之中，其知识潜力可能会发挥得淋漓尽致，其知识能力可能会日新月异，其知识结构可能会得到有效的改进，其知识积累可能会发生质的跃迁。反之，如果个体处于与其契合度较低的组织或团队之中，可以想象很难达到理想的知识社会化活动结果，甚至适得其反。同样，团队的境况与个体具有完全的类同性。一个功勋卓著的团队，无论其如何优秀，都要凭借特定的组织平台，并被特定的组织氛围所烘衬。脱离这些特定的组织要素，其知识或动效果就会黯然失色（Zander & Kogut，1995）。最后，要特别区分团队内部知识社会化活动与团队成员之间知识社会化活动的区别。团队内部知识社会化活动是立足于团队的整体层面的知识活动，它虽然经常由部分甚至单个团队成员所实现，但最后的结果是使全体团队成员受益。这种知识活动不能被任何团队成员所控制，具有很强的公共性，而团队成员之间的知识活动仅局限于两人或数人之间，知识活动效果也仅涉及有限参与的知识主体。同样，组织内部知识社会化活动与团队之间的知识社会化活动也存在显著的差异。前者是立足于组织层面的且服务于组织内所有团队的，而后者仅发生于两个或数个团队之间。

当然，组织与组织之间也会产生知识社会化活动，并且这种知识转化的流程较复杂，涉及外部性经济理论、交易成本与制度变迁、社会福利与公共产品、有限博弈与无限博弈等诸多领域，不属于本书研究范围，因此将这一知识活动归于复合转化元。

（2）外显化知识跃迁分析

外显化知识跃迁是指隐性知识到显性知识的转化，其12种转化元的含义与特性如表4-2所示。

表 4–2　　　　　　　　　　　外显化知识跃迁

Table 4–2　　Externalization knowledge transition

代号	知识源	知识宿	内容说明（隐性知识—显性知识）	资料来源
E1	个人	个人	复合转化元	
E2	个人	团队	复合转化元	
E3	个人	组织	复合转化元	
E4	个人内部		个人通过思考、反馈、写作等学习活动，将自己的技能、经验、意向、心得体会等以格式化文件的形式表现出来	笔者总结
E5	团队	个人	复合转化元	
E6	团队	团队	复合转化元	
E7	团队	组织	复合转化元	
E8	团队内部		团队将自己的经验、教训、技术流程、思想观念进行梳理和总结，形成格式化文件，以便对将来的工作进行指导	Spender
E9	组织	个人	复合转化元	
E10	组织	团队	复合转化元	
E11	组织	组织	复合转化元	
E12	组织内部		在（董事会、监事会、工会、经理会、党委等）组织层面上进行技术总结、经验交流、反思和改进，形成书面材料	韩维贺

个人内部的外显化知识活动是一种非常重要的知识活动，为整个团队、组织以及社会的知识大厦源源不断地输送养分。离开这种知识活动，将会导致社会知识总量的萎缩。因为个人的创造性思维成果将不能为他人或社会所用，社会知识总量将变成无源之水，而同时个人的创造性思维也将受到压制，因此这种后果是不可想象的（Robertson et al.，2003）。当然，个人内部知识外显化活动和个人内部社会化知识活动一样，具有很强的环境特征，与个人所处的团队、组织和社会特征密切相关。在一种外部氛围内能够实现的个人内部外显化知识活动在另一种外部氛围内未必获得成功。

团队内部和组织内部的知识外显化活动是知识外显化跃迁的有机

组成部分,而在以前关于知识外显化活动的分析中没有得到应有的重视。在团队整体层面或组织整体层面上,都存在许多以组织文化表现出来的根深蒂固的传统、经验、精神、惯例等,这些都归属隐性知识的范畴,只有经过外显化才能激活其潜在价值（Reber,1993）。这种激活过程是有始无终的过程,也是周而复始的过程,因为整体层面上的隐性知识随着组织活动的无限延续而不断积累,无论外显化过程完成的成果有多少,而尚未成功转换的部分依旧存在。外显化成果一般以格式化文件的形式存在,如纪律、条例、规章制度、技术规范、思维定势等。事实上这种知识活动已经成为企业的常规行为,在某些行业的地位尤为突出。当然,这里也要区分团队内部知识外显化活动与团队成员之间知识外显化活动差异,前者立足于团队整体层面且使团队全体成员受益,而后者的知识活动和受益对象局限于个人之间。

个人与个人之间的知识外显化活动由两条路径组成:一条是知识源个人的内部知识外显化活动,转向个人之间的知识组合化活动;另一条是个人之间的社会化知识活动,转化为知识宿个人内部的外显化知识活动。即知识源个人的隐性知识无法形成知识宿个人的显性知识,这一外显化知识活动为复合转化元。

根据同样的路径分析原理可知:个人到团队的外显化知识活动为复合转化元,同时,个人到组织的外显化知识活动也为复合转化元。

团队到个人的外显化知识活动由两条路径组成:一条是知识源团队的团队内部外显化知识活动,转向团队到个人的组合化知识活动;另一条是团队到个人的社会化知识活动,转向个人内部的外显化知识活动。即团队的隐性知识需要经过间接的渠道才能转化为个人的显性知识,这一外显化知识活动为复合转化元。

团队与团队之间的知识外显化活动由两条路径组成:一条是由知识源团队的团队内部知识外显化活动,转向团队之间的知识组合化活动;另一条是由团队之间的社会化知识活动,转向知识宿团队的知识外显化活动。即知识源团队的隐性知识不能直接转化为知识宿团队的显性知识,这一外显化知识活动为复合转化元。

团队到组织的外显化知识活动由两条路径组成:一条是由团队的

知识外显化活动，转向团队与组织之间的知识组合化活动；另一条是由团队到组织的知识社会化活动，转向组织内部的知识外显化活动。即团队的隐性知识不能直接转化为组织的显性知识，这一外显化知识活动为复合转化元。

组织到个人的知识外显化活动由两条路径组成：一条是由组织的知识外显化活动，转向组织到个人的知识组合化活动；另一条是由组织到个人的知识社会化活动，转向个人内部的知识外显化活动。即组织的隐性知识到个人显性知识的转化是一个间接的过程，这一外显化知识活动为复合转化元。

按照同样的复合路径分析原理，可以得到组织到团队的外显化知识活动为复合转化元，并且，组织之间的外显化知识活动也为复合转化元。

（3）组合化知识跃迁分析

组合化知识跃迁是指显性知识到显性知识的转化，其12种转化元的含义与特性如表4-3所示。

表4-3　　　　　　　　组合化知识跃迁

Table 4-3　Combination knowledge transition

代号	知识源	知识宿	内容说明（显性知识—显性知识）	资料来源
C1	个人	个人	个人将成熟的技术、工艺、思想、观点等以书面或口头的形式向他人传递	王众托
C2	个人	团队	承载个人的经验、观点、技能、工艺等格式化材料经过汇集、分类和组合，形成更完整、全面的团队资料	Nonaka
C3	个人	组织	个人将自己的技术、工艺、思想、观点等以讲座、论文、会议的形式向组织全体人员发送	Zander
C4	个人内部		伪转化元	
C5	团队	个人	团队的书面指示、技术路线、标准工艺、操作规范等在短时间内得到个人的领悟与实施	夏敬华
C6	团队	团队	一个团队的形成格式化材料的技能、经验、观点、思想等向另一个团队传递	耿新

续表

代号	知识源	知识宿	内容说明（显性知识—显性知识）	资料来源
C7	团队	组织	团队的形成格式化材料的技能、经验、观点、思想等向组织层面汇集，作为领导层进行决策和工作指导的依据	Robertson
C8	团队内部		对团队内部的格式化知识进行归纳、分类和整理，通过存储形式与存储方式的变化使之发生价值增值	笔者总结
C9	组织	个人	组织的规章制度、决策决议、经验与指导等在短时间内得到个人的贯彻执行	Reber
C10	组织	团队	组织的形成文字的指示、方针、政策、章程等在短时间内得到团队拥护与实施	Thomas
C11	组织	组织	复合转化元	
C12	组织内部		对组织的格式化知识进行细化、分类、归纳、整合等，使之发生质变，从而对组织进步产生更大的促进作用	韩维贺

团队内部的组合化知识活动与组织内部的组合化知识活动是两种非常重要的组合化知识活动形式，具有很强的实践价值。作为整体而言，团队或组织拥有比个人相对丰富的显性知识，这些相对散乱的显性知识如果经过进一步的重组或分类，就可能发生结构上的质变，形成价值更大的显性知识体系。这种组合化知识活动是知识总量积累的重要形式之一，也是企业中一种较普遍的知识活动形式，在某些特殊行业中更具有实用价值。当然，团队内部的组合化知识活动与团队之间的组合化知识活动具有明显的区别，前者发生于团队内部且使本团队的全体成员受益，而后者发生于两个团队之间。同样，组织内部知识组合化活动与组织之间知识组合化活动具有类似的区别。

很明显，组织之间组合化知识活动为典型的复合转化元，因为这种知识活动是一种更高层次的显性知识集聚，是一系列复杂的知识转化元的有机组合。个人内部的组合化知识活动缺乏实际研究意义，属于伪转化元。

（4）内隐化知识跃迁分析

内隐化知识跃迁是指显性知识到隐性知识的转化，其 12 种转化元的含义与特性如表 4-4 所示。

表 4-4 内隐化知识跃迁

Table 4-4 Internalization knowledge transition

代号	知识源	知识宿	内容说明（显性知识—隐性知识）	资料来源
I1	个人	个人	从他人的论文、报告、讲义、叙述中得到启示，从而使自己的思维方式、学习技能、理论视野和工作能力等得到提高与改进	Join
I2	个人	团队	中坚人物的壮举、号召、事迹、突出技能等给团队带来的影响、激励和震撼	Lubit
I3	个人	组织	组织中英雄人物对组织文化建设的促进作用	Mochael
I4	个人内部		伪转化元	
I5	团队	个人	团队精神对个人的激励、团队行为对个人的感应、团队章程对个人的规范、团队能力对个人的促进	张庆普
I6	团队	团队	一个团队从另一个团队的组织行为中得到的启示	Spender
I7	团队	组织	英雄团队的事迹、作风、技能、制度等对整个组织的内在的激励效应与长远的感召效应	Nonaka
I8	团队内部		复合转化元	
I9	组织	个人	形成文字形式的企业文化对个人行为与思想潜移默化式的规范与激励	戴俊
I10	组织	团队	外显的企业文化、指导方针、规范章程等对团队整体能力的提高和团队质量的改造	Simonin
I11	组织	组织	复合转化元	
I12	组织内部		复合转化元	

团队到个人的内隐化知识活动由下列路径组成：团队到个人的内隐化知识活动，转向到个人到组织的社会化知识活动。同理，组织内部的内隐化知识活动由更复杂的路径所组成，如由组织到团队的内隐化知识活动，转向到团队到个人的社会化知识活动，再转向到个人到组织的社会化知识活动。因此，这两种内隐化知识活动都是复合转

化元。

很显然,组织之间的内隐化知识活动是一种超复杂的知识转化流程,是组织间知识活动中最具有革命意义的知识转化。它是知识供应链的研究对象,也是当今知识管理领域研究的热点之一,且超出本书研究范围,属于复合转化元。

个人内部内隐化知识活动缺乏实际研究意义,属于伪转化元。因为即使对个人而言,其显性知识依然是其知识总量的冰山一角,许多个人的灵感、预测、思维定势、领悟能力等是不能够用书面或口头语言表达的。所以,在个人内部知识转化活动中,社会化知识活动与外显化知识活动占主流地位,而组合化知识活动与内隐化知识活动的价值地位微乎其微。

4.2.2 模型细化

根据模型分析的结果,可以得到知识转化模型的基本框架。

(1) 社会化知识跃迁

表4-5　　　　　　　　社会化知识跃迁简表

Table 4-5　Simple socialization knowledge transition

详细编号	转化形式	详细内容	转化元性质
S1	个人→个人	个人之间的社会化知识活动	核转化元
S2	个人→团队	个人到团队的社会化知识活动	核转化元
S3	个人→组织	个人到组织的社会化知识活动	核转化元
S4	个人内部	个人内部的社会化知识活动	核转化元
S5	团队→个人	团队到个人的社会化知识活动	核转化元
S6	团队→团队	团队之间的社会化知识活动	核转化元
S7	团队→组织	团队到组织的社会化知识活动	核转化元
S8	团队内部	团队内部的社会化知识活动	核转化元
S9	组织→个人	组织到个人的社会化知识活动	核转化元
S10	组织→团队	组织到团队的社会化知识活动	核转化元

4 知识转化的量表模型研究

续表

详细编号	转化形式	详细内容	转化元性质
S11	组织→组织	组织之间的社会化知识活动	复合转化元
S12	组织内部	组织内部的社会化知识活动	核转化元

（2）外显化知识跃迁

表4-6　　　　　　　　外显化知识跃迁简表

Table 4-6　Simple externalization knowledge transition

详细编号	转化形式	详细内容	转化元性质
E1	个人→个人	个人之间的外显化知识活动	复合转化元
E2	个人→团队	个人到团队的外显化知识活动	复合转化元
E3	个人→组织	个人到组织的外显化知识活动	复合转化元
E4	个人内部	个人内部的外显化知识活动	核转化元
E5	团队→个人	团队到个人的外显化知识活动	复合转化元
E6	团队→团队	团队之间的外显化知识活动	复合转化元
E7	团队→组织	团队到组织的外显化知识活动	复合转化元
E8	团队内部	团队内部的外显化知识活动	核转化元
E9	组织→个人	组织到个人的外显化知识活动	复合转化元
E10	组织→团队	组织到团队的外显化知识活动	复合转化元
E11	组织→组织	组织之间的外显化知识活动	复合转化元
E12	组织内部	组织内部的外显化知识活动	核转化元

（3）组合化知识跃迁

表4-7　　　　　　　　组合化知识跃迁简表

Table 4-7　Simple combination knowledge transition

详细编号	转化形式	详细内容	转化元性质
C1	个人→个人	个人之间的组合化知识活动	核转化元
C2	个人→团队	个人到团队的组合化知识活动	核转化元
C3	个人→组织	个人到组织的组合化知识活动	核转化元
C4	个人内部	个人内部的组合化知识活动	伪转化元

续表

详细编号	转化形式	详细内容	转化元性质
C5	团队→个人	团队到个人的组合化知识活动	核转化元
C6	团队→团队	团队之间的组合化知识活动	核转化元
C7	团队→组织	团队到组织的组合化知识活动	核转化元
C8	团队内部	团队内部的组合化知识活动	核转化元
C9	组织→个人	组织到个人的组合化知识活动	核转化元
C10	组织→团队	组织到团队的组合化知识活动	核转化元
C11	组织→组织	组织之间的组合化知识活动	复合转化元
C12	组织内部	组织内部的组合化知识活动	核转化元

（4）内隐化知识跃迁

表4-8　　　　　　　内隐化知识跃迁简表

Table 4-8　Simple internalization knowledge transition

详细编号	转化形式	详细内容	转化元性质
I1	个人→个人	个人之间的内隐化知识活动	核转化元
I2	个人→团队	个人到团队的内隐化知识活动	核转化元
I3	个人→组织	个人到组织的内隐化知识活动	核转化元
I4	个人内部	个人内部的内隐化知识活动	伪转化元
I5	团队→个人	团队到个人的内隐化知识活动	核转化元
I6	团队→团队	团队之间的内隐化知识活动	核转化元
I7	团队→组织	团队到组织的内隐化知识活动	核转化元
I8	团队内部	团队内部的内隐化知识活动	复合转化元
I9	组织→个人	组织到个人的内隐化知识活动	核转化元
I10	组织→团队	组织到团队的内隐化知识活动	核转化元
I11	组织→组织	组织之间的内隐化知识活动	复合转化元
I12	组织内部	组织内部的内隐化知识活动	复合转化元

因此，经过对12个伪转化元与复合转化元的剔除，初级模型可表示为4个因子36个指标的结构体系。*SF*指社会化因子、*EF*指外

显化因子、*CF* 指组合化因子、*IF* 指内隐化因子。模型的细化结果可表示成如图 4-1 所示因子结构的形式。

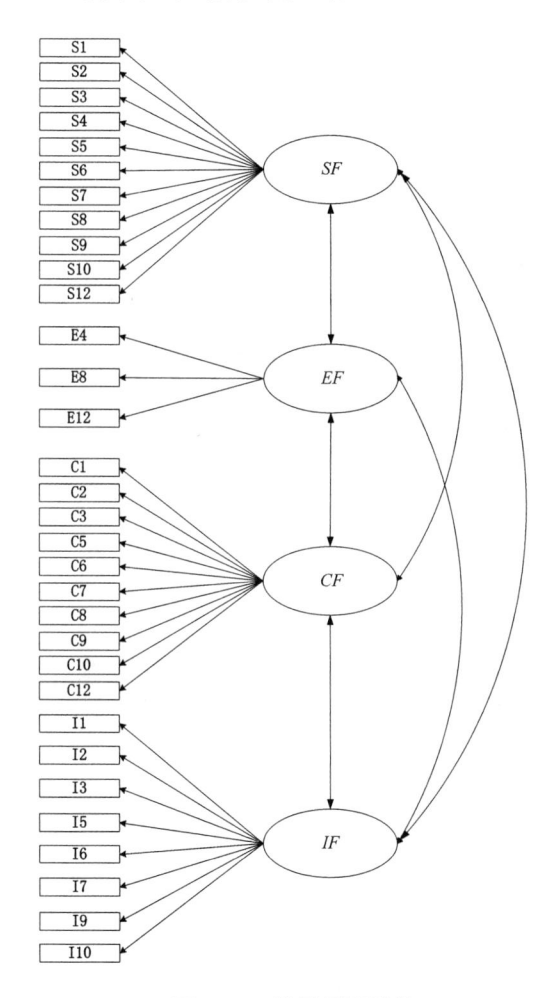

图 4-1 模型因子结构

Fig. 4-1 Model variable structure

4.3 知识转化测度量表的构建

4.3.1 量表构建的思想

知识转化测度量表的构建依据如下指导思想：

（1）知识转化的行为设计要密切结合我国企业的现实性管理行为、措施与实践。量表内容的设计要密切结合我国企业的知识转化活动。前已所述，知识管理是一个前沿的概念，但也是一项古老的企业活动。尽管我国企业大多数没有设立专门的知识管理部门，也未曾对知识活动进行针对性的归纳与分类，但是，知识转化行为几乎涉及企业的所有业务流程、所有部门以及每一个团队和个人。许多职能部门的活动包含若干相互衔接的知识转化流程，许多生产、营销、技术开发等企业行为也与知识转化活动融合于一体。总之，知识转化行为在企业中无所不在，以各种各样的形式表现出来。企业环境不同，其表现形式也必然存在差异。测度量表的内容设计要尽可能地与我国企业知识转化的一般特征相适应，而不是相反。

（2）知识转化的行为设计要密切结合我国企业的组织学习行为。目前，知识管理研究与组织学习研究在管理学理论研究领域内仍然是沿循着两条平行的路线在并行发展，交会区域较少，这是现代管理理论研究中尚待突破和超越的障碍。事实上，知识管理和组织学习都是知识经济时代管理理论与管理行为的新的拓展方向，都依托于共同的经济、社会等外部环境，因此，必然存在千丝万缕的联系。而事实上，在现代企业的管理实践中，知识管理与组织学习已融合为一体，组织学习的开展离不开知识收集、分类、存储、更新、转化、共享等知识管理活动的支持，而知识管理活动在学习型组织的环境下可以取得更大的行为绩效。知识管理与组织学习在理论与实践领域的全面融合是其必然的发展趋势，所以，知识转化量表设计的研究必然要深度借鉴于组织学习的研究成果，即将学习型组织的行为高度融合于知识转化的行为。

（3）知识转化行为的设计要充分借鉴在现代管理理论指导下企业所实施的一系列其他实践行为，如团队管理、企业文化建设、机构调整与优化、关系营销与内部营销的开展、信息化的实施等。

（4）知识转化行为的设计在组织、团队、个体上要把握住转化主体与转化范围。对于企业知识转化而言，转化客体必然是企业的知识，包括显性知识与隐性知识，而转化主体有组织、团队、个体三种类型。在本书中,组织是指整个企业,转化主体可以认定为企业的决策层及其机构,转化范围认定为在企业的行为、业务、组织机构综合边界之内;团队是指企业中的独立部门或分支机构,转化主体可以认定为团队管理层及其机构,转化范围认定为企业各个部门或分支机构的行为、业务、组织机构综合边界之内;个人是指企业的每个员工,转化主体为作为企业活动最基本单位的员工个体,转化范围认定为个体员工的一切企业行为,包括工作、学习、创新、建议、思辨、模仿、心智变迁等企业活动。

(5)有选择地凸显和我国企业管理与经营活动相一致的知识转化形式。知识转化行为的设计要充分认识到知识转化的复杂性、复合性、网络性的特征。在我国企业的知识转化活动中,每个核转化元都有许多具体的表现形式。为了能够更加有效地反映出我国企业知识活动的特性,本书尽量选取与常规企业行为更加贴近的形式来构造知识转化量表的测度内容。

4.3.2 量表构建的内容

(1)知识社会化测度量表的构建

知识社会化测度量表具体题项如表4-9所示。

表4-9 **知识社会化测度量表**

Table 4-9 Knowledge socialization measure

详细编号	详细内容
S1	公司内部具有经验丰富的老员工指导新员工、优秀员工帮助后进员工,以及不同部门、层次、级别的员工互助互学的气氛(如"传帮带")
S2	优秀员工的才能、品德、事迹对团队潜移默化式的感召和促进(如"铁人精神")
S3	公司积极地在员工中树立个人榜样和个人典型,并有意识地创造向优秀员工的突出优势(技能、忠诚、进取、助人等)学习的企业环境
S4	公司中存在业务范围内的勤奋好学、深度思考、奋发向上、自我超越的进取氛围

续表

详细编号	详细内容
S5	团队实施并鼓励对职工的内部培训机制，以提高员工的业务技能
S6	公司鼓励团队之间在业务协作、经验互换、流程再造等方面进行深层次的交流并为此积极地创造鼓励交流的环境
S7	优秀团队的精神、文化、风格、理念等对企业的长远发展产生了较好的感染和表率作用
S8	团队内部经常能够有效地进行深层次的工作技能交流、经验总结、集体讨论、批评与自我批评
S9	公司的前景、目标、管理方式、组织结构等企业文化环境有助于员工在技能与经验上的自我超越与创新（如"内部营销"的实施绩效）
S10	公司决策层对团队管理层在能力、观念、经验、行为上存在有效的启示与约束
S12	公司决策层能够形成高度和谐、团结一致、谦虚进取、众望所归的领导环境

（2）知识外显化测度量表的构建

知识外显化测度量表具体题项如表4-10所示。

表4-10 **知识外显化测度量表**

Table 4-10 Knowledge externalization measure

详细编号	详细内容
E4	公司鼓励员工将自己的技能、经验、体会、见解等深层次的内在知识以格式化文件的形式表现出来，并为此提供环境与鼓励政策
E8	团队范围内能够将内部的管理经验、技能创新、流程再造等以书面文件的形式进行挖掘、细化与整理，以便于团队内部推广实施
E12	公司领导层能够进行经验交流、深度会谈等有效的工作总结，并形成正式文件以指导企业的长远发展

（3）知识组合化测度量表的构建

知识组合化测度量表具体题项如表4-11所示。

表 4–11　　　　　　　　　知识组合化测度量表

Table 4–11　Knowledge combination measure

详细编号	详细内容
C1	员工之间愿意并能够将各自成文的技术成果、工作经验、思想观念等进行口头交流、书面传阅、警示与启发等
C2	团队鼓励员工将本人的岗位职责、工作规范、业务技能、工艺要点等进行书面整理，以充实团队的工作档案资料
C3	公司鼓励员工将自己的技术、工艺、思想、观点等以讲座、论文、会议的形式向组织全体人员汇报和传递
C5	员工能够自觉地接受团队管理层的工作安排与指导，并遵守团队的规章制度
C6	团队之间成文的工作经验、技能、观念、协调机制、业务协作等都能够有效地实现相互交流与传递
C7	公司建立有效的机制鼓励团队将各自的突出技能、先进经验等优势信息汇报决策层，以便在公司范围内有选择地推广
C8	团队重视岗位规范、工作流程、标准工艺、安全生产等工作过程中产生的相关业务信息的收集与整理
C9	企业的规章制度、决议、精神等能够在有效时间内得到大部分员工的拥护与支持（即"上下同欲"）
C10	决策层的最后决议、全局规划、战略方针能够在有效时间内得到管理层的理解、执行与贯彻
C12	公司有计划地从生产、销售、研发部门收集信息，进行数据分类、整理、存储，并实施数据库设计与维护，以提高公司信息的总量与质量

（4）知识内隐化测度量表的构建

知识内隐化测度量表具体题项如表 4–12 所示。

表 4–12　　　　　　　　　知识内隐化测度量表

Table 4–12　Knowledge internalization measure

详细编号	详细内容
I1	员工积极地利用公司各类数据库中保存的资料、文献、技能规范进行学习，以便增强自己在公司中未来的个人竞争力
I2	团队管理人员能够充分吸纳员工的建议，集思广益地改造自己的领导方式、提高领导效率（如"诸葛亮会"）

续表

详细编号	详细内容
I3	公司有意识地颂扬优秀员工的事迹或中坚人物的壮举,将其融入企业文化之中,以便激励全体员工的信心、效率与忠诚
I5	团队领导深孚众望,员工在团队环境中具有较强的团队自豪感和团队优越感(如"内部营销")
I6	公司鼓励团队之间有效地吸纳对方的先进经验、消化对方的突出技能、学习对方的管理优势,真正化为己有
I7	优秀团队的精神、事迹能够在整个组织范围内得到尊重、颂扬与学习(如"南京路上好八连")
I9	公司的企业环境能够使新员工在短期内激情满怀、对公司的长远发展充满希望,并决心努力工作、奉献企业(如"松下精神")
I10	管理层能够利用公司现有的文件、决议、计划书等充分领会决策层的战略意图并转化为自己有效的管理实践行为

本章小结

本章借助于 SECI 模型的基本内容,提出了知识转化的最小基本单位——核转化元,并通过对个人、团队、组织之间及其内部的知识转化流程的分析,构建了以核转化元为基本分析单位的知识转化测度量表模型,然后根据知识转化的成熟性研究成果,对知识转化测度量表体系赋予了现实性的内容,从而为知识转化测度量表模型的应用以及知识转化与核心能力形成的相关性实证研究的实现提供了基础性的研究工具。

5 核心能力形成的量表模型研究

核心能力形成测度量表模型的设计是本书研究的一个重要环节，用以构成理论验证模型的被解释变量体系。核心能力是一个静态变量，而核心能力形成是一个动态变量，因而核心能力测度量表是一个静态体系，而核心能力形成量表是一个动态体系。本章首先根据核心能力结构的相关研究成果以及核心能力结构设计的若干准则，设计出我国企业核心能力结构的静态测度体系，继而形成反映核心能力形成的动态测度体系，从而最终生成适于核心能力形成数据获取的测度量表体系。

5.1 核心能力形成量表设计的理论基础

根据核心能力结构研究的文献，核心能力的构成要素具有多样性的特征，并且随着企业内外部环境的变迁，核心能力的构成要素也处于不断的变化和调整之中（Hamel Gary Heene eds.，1994）。总的看来，核心能力体系大体上可分为4个要素：核心管理能力、核心技术能力、核心市场能力与核心整合能力，这4种企业能力基本上可以概括出核心能力的全貌，而每个要素又包含若干测度指标，共同构成完整的核心能力测度模型。

核心管理能力是企业在内部管理方面的竞争优势，核心技术能力是企业在技术开发方面的竞争优势，核心市场能力是企业在市场营销方面的竞争优势，核心整合能力是企业对核心管理能力、核心技术能力与核心市场能力进行整合而形成核心能力的能力，是企业的一种全局性的、基础性的、战略性的综合能力。

本书的核心能力形成测度体系的构建是基于知识转化导向的，用以反映知识转化的管理绩效，因而遵循一种特殊的设计思路和设计原则。

5.1.1 量表设计的思路

本设计的目的是探寻核心竞争力形成的机理，也就是研究核心竞争力的动态变化过程。既然核心竞争力是企业内部各种能力的有机组合，那么这一问题也就转化为对企业内部各种能力有关变化特征的动态分析。具体分析过程遵循如下两个原则：

（1）以静态模型为基础

尽管动态研究和静态研究的目的、方法、特性有所区别，但都以核心竞争力体系为同一研究客体，两者必然存在千丝万缕的关系。动态研究模型必须建立在静态模型之上，以静态模型为基础，是对静态研究模型的深化和扩展。关于核心竞争力静态模型的研究，也就是主要关于核心竞争力评估与识别的研究，在国内外十余年的研究历程中已经积累了丰富的成果，如权威性较强的模糊分析法、层次分析法等。动态模型应该构建在对这些研究成果的细致梳理和深刻借鉴之上，也就是以动态变化这一特性来合理地改造静态模型。

（2）把握住两个比较

动态模型就是要反映出动态性这一特点，应以把握住两个比较为前提。第一，把握住核心竞争力现在的状态与过去的状态之间的比较，即核心竞争力各分量变化的方向、强度、幅度、持续性等特征。也就是说，企业各种能力是由强变弱还是由弱变强，在一定测度时期内变化的幅度有多大，变化的快慢性如何，以及在测度期末这种变化的惯性状态。第二，要把握住同一时刻本企业的核心竞争力的即时状态与同行业中其他企业核心竞争力的即时状态之间的比较，即在同一测度时期本企业各项能力与同行业中其他企业各项能力的几何距离。也就是说，本企业的各种能力在行业中是处于优势地位还是劣势地位，是上升状态还是下降状态，发展前景与发展潜力如何，竞争对手的挑战力度究竟有多大等。前文已说过，核心竞争力的价值体现在企业外部，是最终在产品市场上形成的持续竞争优势。如果核心竞争力的动态研究仅局限于方寸斗室之内，只论一家之短长，不在企业外部进行横向比较，也就失去了分析价值。同样，如果进行比较的外延范围过宽，无原则地扩展到本行业之外，也就削减了研究意义。

5.1.2 量表设计分析

（1）核心管理能力包括四个构成要素：领导层决策能力、人力资源开发能力、组织结构效率和信息化能力。下面对四个要素的内容分别给予适当说明。

首先，企业领导层决策能力是指企业领导层在充分利用现有市场信息的前提下进行重大企业运营决策的能力，它与领导层业务素质呈正相关，主要表现在企业的决策效率上。

知识经济时代的企业处于高度不确定的生产经营环境之中，企业的所有内外部环境都时时刻刻在变化。因此，企业必须能够与高度变化的环境相一致，才能立于不败之地，避免被生存环境所淘汰的命运。信息经济理论认为，企业所面临的内外部信息不仅是瞬息万变的，同时也是企业所永远无法把握的，作为市场个体的企业只能根据部分信息来进行运营决策，因此，决策结果已经具有先天性的不确定性。行为经济理论认为，企业行为并非完全理性的，新古典经济学所推演的古典企业理论在现实中是不存在的，企业行为存在较大程度的偏差。因此，彼得·圣吉博士所倡导的组织学习行为在本质上就是要求企业能够通过学习行为克服不确定性因素的困扰和阻碍，最大程度地发挥企业的自我主动性，从而使企业内外部因素高度融合并协调一致，达到延长企业寿命的根本目的。

归根到底，企业信息的不对称性与企业行为的非理性在客观上都要求现代企业应该具备较强的领导层决策能力，它在企业的发展过程中具有至关重要的作用。一招不慎而导致全盘皆输的现象在现代企业经营中已屡见不鲜。

其次，人力资源的开发能力是指人力资源的招聘、考核、选拔、奖惩、激励、薪酬设计等的综合管理能力。

企业人力资源开发与管理既是管理理论的最新颖的话题，又是管理实践领域一门古老的艺术。随着知识经济的来临，企业之间的竞争归根结底是人的竞争。因此，拥有一支高素质的员工队伍，尤其是拥有高水平的经营管理队伍，已经成为企业决胜市场的关键。

人力资源开发管理与传统的人事管理具有本质的区别。首先，人力资源开发管理已经从一般行政管理职能上升为企业战略的一个组成部分，而传统的人事管理只是企业日常行政管理的一部分，主要的工作职能是人事档案的管理与上级文件的贯彻落实。其次，人力资源开发管理的手段已经从传统的以监督、控制为主转向以开发、激励与服务为主。

人力资源开发管理主要内容分为四个方面，即人员的录用、开发、维持和使用。人员录用包括职务分析与职务设计、招聘与选拔、调动与晋升、劳动合同管理等事项；人员开发包括培训与教育、民主管理、企业文化培育、职业生涯管理等事项；人力资源维持包括绩效考评、薪酬管理、交流与沟通等事项；人员使用包括激励约束、工作环境设置、合作与冲突控制等事项。

再次，组织结构效率是指企业组织结构的科学性、合理性、灵活性及对企业长远发展的适应性。

早在1916年欧洲古典管理学大师亨利·法约尔在《工业管理和一般管理》一书中提出了经典的关于组织设计的14项原则：劳动分工、权力与职责、纪律、统一指挥、统一领导、个人利益服从集体利益、人员报酬、集权、等级链、秩序、公平、人员任期的稳定、首创精神、团结力量。组织结构不仅制约着企业的技术开发、生产管理、机构运作的内部行为，同时还对市场开拓、关系营销等外部行为具有显著的影响。

现代企业的组织结构主要有直线型、职能型、事业部型三种形式，每种形式均与企业的规模、行业、发展阶段等特征相适应，且处于不断的优化调整过程之中。组织结构调整的首要目标是加快企业内部信息与知识的流动，从而使管理活动更加富有成效。现代企业组织结构变迁的一个重要特征是向扁平化方向发展，减少企业内部管理环节，使管理指令能够快速、高效、无失真地传送到下级管理层。彼得·圣吉认为：企业内部因素的变化速度大于企业外部环境变化的速度，是现代企业生存的一个必要前提，而这里的内部因素变化很大程度上体现在组织结构的变迁过程之中。

最后，信息化是现代信息技术与社会诸领域及其各个层面相互作用的动态过程及其结果，主要包括信息技术的应用、信息资源建设、信息网络基础设施、信息技术和产业、信息化政策和法规标准的制定等要素。企业信息化能力是指企业信息系统的开发、应用、维护能力，包括ERP系统的应用和电子商务的应用等。企业信息化的根本目的就是在企业各个运行环节采用信息技术、深度开发利用信息资源，以大幅度提高企业的核心竞争能力。企业信息化的实质是企业全面实现业务流程数字化和网络化，并影响企业管理、生产和经营活动、转换企业经营模式、建立现代企业管理制度的过程。

企业信息化是一项系统工程，它对企业的影响是全方位的，不仅带来技术、管理、制度的创新，也会引起企业治理结构的变革。信息技术在企业中的应用提高了企业业务流程的自动化程度，而且随着电子商务的发展，企业间业务联系的自动化程度也得以提高。同时，企业的信息化建设也可以改善企业控制环境并为企业内部控制的风险评估、控制活动以及监督功能的实施提供先进的技术手段，从而改进了企业的内控效率。

（2）核心技术能力包括四个构成要素：技术开发能力、技术吸纳能力、产品生产能力、质量管理能力。下面对技术开发能力、技术吸纳能力、质量管理能力三个要素给予适当说明。

首先，技术开发能力是指企业依靠现有的技术平台对新的生产技术、生产工艺、产品品种的开发能力，而技术吸纳能力是指企业在生产经营过程中对自我开发的新技术的应用能力，以及对企业外部同类产品技术的借鉴能力。技术创新综合体现了技术开发能力和技术吸纳能力。

我国学者傅家骥（1998）认为：技术创新是企业家抓住市场的潜在盈利机会，以获取商业利润为目标，重新组织生产条件和要素，建立起效能更强、效率更高、费用更低的生产经营系统，从而推出新产品和新工艺、开辟新市场、获取新的原材料和半成品、建立企业新组织的过程，是科技、组织和金融等一系列活动的综合。

技术创新按照创新对象的不同可分为产品创新（product innovation）和工艺创新（process innovation）两种形式。产品创新是指技术上有变化的产品的商业化，根据技术变化程度的大小，又可分为重大产品创新和渐进产品创新两类。工艺创新，又称过程创新，是指产品的生产技术的变化，包括新设备、新工艺和新的组织管理方式。工艺创新是提高产品质量、降低原材料和能源消耗、提高生产效率的前提，在技术创新中具有重要地位。

对技术创新成败因素的探讨是技术创新研究的主要问题。英国弗里曼（C. Freeman）教授领导下的 SAPPHO（Scientific Activity Predictor from Patterns with Heuristic Origins）计划，考察了29对创新项目，每一对创新项目中一个是成功的，一个是非成功的。研究结果表明，有5个因素对创新成功是至关重要的：对市场需要有更多的理解、对市场给予更多的关注、开发工作效率更高、能更有效地利用外部技术和外部建议、成功项目的负责人比失败项目的负责人有更高的职位和更大的权威。

其次，ISO08402《质量管理与质量保证术语》（1994）认为：质量是反映实体（产品、过程和服务等）满足明确或隐含需要的能力的特征总和。即产品质量是指产品满足使用要求所具备的特征，一般包括性能、寿命、可靠性、安全性和外观质量等。产品质量既不能弱于用户功能的需求而造成质量不足，也不能超过用户的需求造成质量过剩。世界著名管理专家戴明（W. E. Deming）认为：质量是一种以最经济的手段制造出市场上最有用的产品。

质量管理是确定质量方针、目标和职责，并在质量体系中通过诸如质量控制、质量保证和质量改进，使其实施的全部管理职能的所有活动。质量管理的核心是质量管理体系的建立和运行，使影响产品质量的所有因素、环节、部门和人员都纳入控制范围，使企业的所有生产要素都围绕质量目标形成一个相互协调网络系统，最大限度地实现质量控制的功能。

质量管理的主要方法有全面质量管理、戴明管理法和 6σ 管理法。全面质量管理起源于美国，代表了质量管理发展的最新阶段，是以组织全员参与为基础的质量管理形式，在日本与西方国家取得了丰硕的成果。20 世纪 80 年代以来，全面质量管理得到了进一步扩展和深化，由早期的 TQC（total quality control）衍化为 TQM（total quality management），成为一种综合的管理理念和方式。戴明的管理思想体现在其"十四要点"（Deming's 14 Points）上：创造产品与服务改善的恒久目的、采纳新的哲学、停止依靠大批量检验来达到质量标准、废除"价低者得"的做法、用不间断地改进生产和服务系统、建立现代的岗位培训方法、建立现代的督导方法、驱走恐惧心理、打破部门之间的围墙、取消对员工发出计量化的目标、取消工作标准及数量化的定额、消除妨碍基层员工工作顺畅的因素、建立严谨的教育及培训计划、创建一个每天都推动以上 13 项的高层管理结构。戴明理论对国际质量管理理论和方法始终产生异常重要的影响。6σ 管理思想是：获得和保持企业在经营上的成功并将其经营业绩最大化的综合管理体系和发展战略，是使企业获得快速增长和竞争力的经营方式。6σ 法强调用数据说话，不是凭直觉和经验行事。量化指标能够客观地反映质量的现状，通过科学的数据分析来发现质量问题的症结。

（3）核心市场能力包括四个构成要素：市场开发能力、CRM 能力、客户满意度、产品市场份额。下面对客户关系管理能力给予适当说明。

客户关系管理（customer relationship management，CRM）是指以客户为中心，及时地提供产品和服务，提高客户的满意程度，最大限度地减少客户流失，保持较高的市场竞争能力和赢利能力，实现客户与企业共赢的营销管理手段。CRM 的内涵主要包含三个内容：顾客价值、关系价值和信息技术。

客户关系管理的概念是由 Garnter Group 首先提出，并于 1993 年形成比较完善的体系，它是在"客户满意"（customer satisfaction）的营销思想的基础上进一步发展起来。信息技术的快速发展为市场营销管理理念的普及和应用奠定了基础，开辟了更广阔的空间，以客户为中心的客户关系管理已成为电子商务时代企业制胜的关键。客户关系管理借助于先进的信息技术和管理思想，通过对企业业务流程的重组来整合客户信息资源，并在企业内部实现客户信息与资源的共享，为客户提供一对一个性化服务、改进客户价值、提高客户满意度、增加企业赢利能力以保持客户忠诚度，从而最终实现企业利润最大化。因此，客户关系管理全面解决了针对企业外部和企业内部的客户问题，实现了对客户资源的有效挖掘利用。

从广义上讲，客户关系管理属于企业信息化建设的一个组成部分，但是，对于测量企业市场能力这一目标而言，客户关系管理是一项必不可少的测度指标。在被测对象中，企业未必真正实施与应用 CRM 系统，但是 CRM 系统中所蕴含的营销行为与营销理念在任何现代企业中都存在，因此，也就为本指标的测度提供了现实的实践基础。本指标为行为测度指标。

（4）核心整合能力包括四个构成要素：综合创新能力、战略管理能力、企业文化建设、团队管理能力。下面对战略管理能力、企业文化建设和团队管理能力三个要素给予适当说明。

首先，战略管理是指对一个组织的未来发展方向制定重大决策并实施这些决策，因此，战略管理可以分为战略制定和战略实施两个阶段。战略管理与日常管理的重要区别是其更关注广泛的环境变量对企业生存和发展的影响，试图通过对环境变化的观察把握其趋势，以发现企业发展的新机会和避免这些变化所带来的威胁。

安德鲁斯（K. Andrews）认为：企业战略是一种决策模式，决定和揭示企业的目的和目标，提出实现目的的重大方针与计划，确定企业应该从事的经营业务，明确企业的经济类型和人文组织类型，以及决定企业对员工、顾客和社会做出的经济与非经济的贡献。安索夫（H. L. Ansoff）认为，企业战略由产品与市场范围、成长方向、竞争优势和协同作用这4种要素构成，它们可以产生合力，成为企业的共同经营主线。

其次，企业文化主要包括企业哲学和价值观、企业精神和精神管理、企业形象与物质文化等内容。杰奎思在1951年提出了企业文化的定义，这是对企业文化的最早解释，他认为企业文化是人们做事的习惯和传统方法，在一定程度上被组织的所有成员共同接受，并且新加入的成员也只有在接受或至少部分接受的条件下才能被组织所接纳。

目前广泛为管理学界所接受的是谢恩于1984年提出的"三元论"：企业文化是反映企业组织各级人员行为并约定俗成的行为规范、信念和价值观及外在因素的总和，外层是企业的外部形象，中间层是企业的规章制度，内层是企业的核心信念与价值观。因此，企业文化是一种融合企业特色的管理哲学与管理理念，它影响着员工的思考方式、工作精神和具体行为。

企业文化研究的出发点是企业中人的精神世界，企业文化建设成功的关键是使企业与员工拥有共同的价值观和信念。现代企业的创新能力来源于富有创新精神的企业文化，企业成员应该以拥有优秀的企业文化而自豪。日本的士光敏夫说过：企业内部的共同价值观是推动企业前进的动力，是一种无形的行动准则，企业文化可以起到任何其他文化可望而不可即的作用。而 J. 彼得斯认为：一个伟大组织能够长久生存下去，最主要的条件并非结构形式或管理技能，而是我们称为信念的那种精神力量，以及这种信念对组织全体成员所具有的感召力。

最后，企业中的团队是由一群来自不同部门、不同背景、不同技能、不同知识的员工组成，他们为了一个共同的目标而工作，团队中领导人员与团队成员之间的合作关系重于上下级管理关系。团队不是天然形成的，是精心培养和教育的结果，团队的效率来源于学习、沟通和激励。管理先驱巴纳德在1938年《经营者的职能》一书中，第一次提出了协作型组织的理论，认为协作型组织建立的关键就是在组织目标和个人目标之间找到共同的目标。

5.2 核心能力形成量表模型的设计过程

模型设计的最终目的是形成科学、有效、具有较强可操作性的核心能力形成测度量表，这一目标的完成需要经过三个步骤：静态结构模型设计、动态结构模型设计、测度量表模型设计。静态结构模型设计是指根据量表设计分析的内容设计出核心能力的静态体系结构，动态结构模型设计是指在静态设计成果的基础上对静态体系结构进行动态化转变，着重体现出核心能力体系的各个构成要素与构成指标的发展变化过程。测度量表模型设计是在动态模型设计的基础上，对反映核心能力发展变化的各个题项进行语义调整，使之能够更加全面清晰地反映出企业的现实实践活动的具体内涵。

5.2.1 静态结构模型设计

本模型将核心能力体系分为4个构成要素：核心管理能力、核心技术能力、核心市场能力、核心整合能力，每个构成要素分为4个测度指标，共形成一个4个一级指标和16个二级指标的指标体系。详细内容及说明如表5-1所示。

5.2.2 动态结构模型设计

根据核心能力形成静态结构模型的设计结果，形成其动态模型设计结果如表5-2所示。该模型的结构与静态模型结构相同，共包括4个构成要素，每个要素分解为4个测度指标，形成包含4个一级指标和16个二级指标的指标体系。

5.2.3 测度量表模型设计

根据核心能力形成动态结构模型设计的结果，形成其测度量表模型设计结果如表5-3所示。两者的结构相同，均为包含4个一级指标和16个二级指标的指标体系，而两者的本质区别在于前者基于理论分析，后者侧重于实践分析，具有较强的可理解性与操作性，便于

5 核心能力形成的量表模型研究

样本数据的收集和整理。

表5-1　　　　　　　　　核心能力形成静态结构模型

Table 5-1　The stationary model on formation of core competence

一级指标	序号	二级指标	二级指标含义
核心管理能力	A1	领导层决策能力	企业领导层的决策效率及领导层的整体素质
	A2	人力资源开发能力	对企业人力资源的招聘、考核、选拔、奖惩、激励、薪酬设计等的综合管理能力
	A3	组织结构效率	企业组织结构的科学性、合理性、灵活性及对企业长远发展的适应性
	A4	信息化能力	企业信息系统的开发、应用、维护能力,包括ERP系统应用与电子商务的应用等
核心技术能力	T1	技术开发能力	企业内部的产品开发、工艺创新、流程再造、专利发明等技术进步
	T2	技术吸纳能力	企业在生产过程中对技术的应用能力及对企业外部相关技术的吸收能力
	T3	产品生产能力	企业产品总产量或人均产量的提高及产品性能的改进,即劳动生产率的提高
	T4	质量管理能力	企业产品质量的综合管理能力,包括技术革新、品种改良、高效质量管理方法的运用、先进质量管理理念的引进与培育
核心市场能力	M1	市场开发能力	销售渠道的开发与拓展能力、主要客户的一对一营销能力、销售网络的稳健性、对关系营销与内部营销等新式营销理论与实践的应用、销售人员整体素质的提高
	M2	CRM能力	客户关系管理系统的应用能力,包括客户信息数据仓库的建立、产品市场分析、数据挖掘等,以及客户对企业产品与服务的满意情况、对企业信任的增加、对企业前景具有更强的信心与期待
	M3	客户满意度	顾客对本公司产品的满意程度,包括对产品质量的满意、产品售后服务的满意、产品性能扩展的满意等方面
	M4	产品市场份额	本企业产品在销售市场上占同类产品的份额、本企业产品在同类产品中的竞争优势

续表

一级指标	序号	二级指标	二级指标含义
核心整合能力	C1	综合创新能力	企业基于核心技术、生产、管理能力的交互作用而形成的综合创造、革新能力
	C2	战略管理能力	企业在新式管理理论、方法、工具的基础上的统筹规划能力和全局预测能力
	C3	企业文化建设	企业对职工的价值观、忠诚度、使命感的综合培育与引导情况
	C4	团队管理能力	企业各职能部门、平行分支机构之间的协调效率与合作意愿

表 5－2 核心能力形成动态结构模型

Table 5－2 The dynamic model on formation of core competence

一级指标	序号	二级指标	二级指标含义
核心管理能力形成	A1	领导层决策能力形成	企业领导层的整体业务素质越来越高、决策效果越来越好、决策方法越来越科学
	A2	人力资源开发能力形成	对企业人力资源的招聘、考核、选拔、奖惩、激励、薪酬设计等的综合管理能力逐渐增强
	A3	组织能力形成	企业组织结构的逐渐优化，其科学性、合理性、灵活性逐渐增强
	A4	信息化能力形成	企业信息系统的开发、应用、维护能力（包括ERP等系统应用能力）的改进
核心技术能力形成	T1	技术开发能力形成	企业内部的产品开发、工艺创新、流程再造等技术能力的增强及专利、发明项目的增加
	T2	技术吸纳能力形成	企业在生产过程中愈加重视对现有技术的应用与对外部技术的吸收，并取得越来越显著的效果
	T3	产品生产能力形成	企业的生产效率逐渐提高、产量逐渐增大、产品种类增多、产品质量逐渐改进
	T4	质量管理能力形成	技术革新越来越富有成果、质量管理观念越来越先进、质量管理方法越来越富有成效

5 核心能力形成的量表模型研究

续表

一级指标	序号	二级指标	二级指标含义
核心市场能力形成	M1	市场开发能力形成	销售渠道越来越广、销售网络逐渐健全、销售人员的整体业务能力越来越强,并在营销活动中能不断创性地应用前沿营销方式
	M2	CRM能力形成	包括客户信息数据仓库的建立、产品市场分析、数据挖掘等在内的CRM的应用能力逐渐提高
	M3	客户满意度提高	客户对企业产品与服务的满意增加、对企业信任增加、对企业前景具有越来越强的信心与期待
	M4	产品市场份额提高	本企业产品在销售市场上占同类产品份额的增长、本企业产品的竞争优势增强
核心整合能力形成	C1	综合创新能力形成	企业基于核心技术、生产、管理能力平台上的综合发展能力的提高
	C2	战略管理能力形成	企业基于新式管理理论、方法、工具的基础上的统筹规划能力和全局预测能力的增强
	C3	企业文化形成	企业对职工的价值观、忠诚度、使命感的综合培育效果的改进
	C4	团队管理能力形成	企业各职能部门、平行分支机构之间的协调效率的提高与合作意愿的增强

表 5 – 3 **核心能力形成测度量表**

Table 5 – 3 The measure table on formation of core competence

一级指标	序号	二级指标	二级指标含义
核心管理能力形成	A1	领导层决策能力形成	企业高层管理人员的领导能力越来越强,在全体员工中的威信越来越高
	A2	人力资源开发能力形成	企业人力资源管理部门的工作效率逐渐提高,全体员工越来越能感到人尽其才
	A3	组织能力形成	企业的部门设置与调整逐渐合理,对企业的长远发展起到越来越大的推动作用
	A4	信息化能力形成	企业中运用计算机的员工越来越多、用计算机取代的手工业务操作越来越多、计算机运行错误逐渐变少

续表

一级指标	序号	二级指标	二级指标含义
核心技术能力形成	T1	技术开发能力形成	科研部门的技术力量越来越强，专利、发明、技术革新成果逐渐增多
	T2	技术吸纳能力形成	科研部门能够不断地将企业内外的技术成果应用到产品中去，新产品不断出现
	T3	产品生产能力形成	企业的生产效率逐渐提高、产量逐渐增大、产品种类增多、产品质量逐渐改进
	T4	质量管理能力形成	企业产品的性价比越来越高、质量管理观念越来越先进、质量管理方法越来越富有成效
核心市场能力形成	M1	市场开发能力形成	企业销售部门的能力越来越强、订单越来越多、销售资金回笼越来越快
	M2	CRM能力形成	企业销售部门越来越依靠各种信息系统提供的数据进行产品销售的规划、预测与决策
	M3	客户满意度提高	客户对本企业产品与服务的满意增加、对企业信任增加、对企业前景具有越来越强的信心与期待
	M4	产品市场份额提高	本企业产品在销售市场上占同类产品份额的不断增长、本企业产品的品牌声誉越来越好
核心整合能力形成	C1	综合创新能力形成	企业基于核心技术、生产、管理能力平台上的综合发展能力逐渐增强
	C2	战略管理能力形成	企业基于新式管理理论、方法、工具的基础上的统筹规划能力和全局预测能力逐渐增强
	C3	企业文化形成	企业对于职工的价值观、忠诚度、使命感的综合培育效果逐渐改进
	C4	团队管理能力形成	企业各职能部门、平行分支机构之间的协调效率逐渐提高、部门合作意愿逐渐增强

本章小结

本章根据核心能力体系结构的研究成果，通过对我国企业核心能力体系构成要素的详细分析，构建了核心能力结构体系的静态测度模型，在此基础上通过对静态模型指标的动态性调整，形成了核心能力的动态测度模型，即核心能力形成模型。核心能力形成模型在理论上描绘了核心能力的动态变化过程，在核心能力成长趋势的测度上不具备可操作性。因此，根据企业核心能力培育的实践性内容，可以在核心能力形成的理论描述模型的基础上建立核心能力形成的测度量表模型，从而为核心能力形成测度模型的应用以及知识转化与核心能力形成相关性模型的检验提供了基础性的研究工具。

6 量表模型的检验与修正

测度量表的合理性、可靠性和有效性是实证研究的生命线,科学的量表体系的确立是模型实证检验的前提。量表开发在实证型的研究中起到关键的承接性作用,既是对测度模型生成的理论分析的总结,又是实证研究开展的平台。

一般而言,量表开发需要经过两个步骤:理论模型的推演与数据模型的检验。理论模型的推演是指根据相关领域的成熟的研究成果进行测度体系的构建与指标内容的描述,而数据模型的检验是指运用企业实践的现实性数据,借助于相关的因子验证方法,对理论模型的适用性进行检验,从而实现对测度模型的改进与修正。

本书第四章与第五章分别设计了知识转化与核心能力形成的理论测度模型,这种理论测度模型不能直接作为知识转化与核心能力形成相关性实证研究的解释变量体系和被解释变量体系,必须按照量表开发的方法和原则进行评价和修正,逐步进行单构面尺度检验、信度检验与效度检验,才能够有效地提高量表的应用价值。

6.1 初始研究模型的确立

6.1.1 外源潜变量测量方程的确立

根据知识转化量表模型的研究结果,外源潜变量知识社会化(SF)包含11个观测指标,知识外显化(EF)包含3个观测指标,知识组合化(CF)包含10个观测指标,知识内隐化(IF)包含8个

6 量表模型的检验与修正

观测指标,因此,根据外源潜变量测量方程的一般公式 $X = \Lambda_x \xi + \sigma$,可以确立外源潜变量测量方程如公式 6-1 所示。

$$\begin{bmatrix} s1 \\ s2 \\ s3 \\ s4 \\ s5 \\ s6 \\ s7 \\ s8 \\ s9 \\ s10 \\ s12 \\ e4 \\ e8 \\ e12 \\ c1 \\ c2 \\ c3 \\ c5 \\ c6 \\ c7 \\ c8 \\ c9 \\ c10 \\ c12 \\ i1 \\ i2 \\ i3 \\ i5 \\ i6 \\ i7 \\ i9 \\ i10 \end{bmatrix} = \begin{bmatrix} \Lambda x_{1,1} & 0 & 0 & 0 \\ \Lambda x_{2,1} & 0 & 0 & 0 \\ \Lambda x_{3,1} & 0 & 0 & 0 \\ \Lambda x_{4,1} & 0 & 0 & 0 \\ \Lambda x_{5,1} & 0 & 0 & 0 \\ \Lambda x_{6,1} & 0 & 0 & 0 \\ \Lambda x_{7,1} & 0 & 0 & 0 \\ \Lambda x_{8,1} & 0 & 0 & 0 \\ \Lambda x_{9,1} & 0 & 0 & 0 \\ \Lambda x_{10,1} & 0 & 0 & 0 \\ \Lambda x_{11,1} & 0 & 0 & 0 \\ 0 & \Lambda x_{12,2} & 0 & 0 \\ 0 & \Lambda x_{13,2} & 0 & 0 \\ 0 & \Lambda x_{14,2} & 0 & 0 \\ 0 & 0 & \Lambda x_{15,3} & 0 \\ 0 & 0 & \Lambda x_{16,3} & 0 \\ 0 & 0 & \Lambda x_{17,3} & 0 \\ 0 & 0 & \Lambda x_{18,3} & 0 \\ 0 & 0 & \Lambda x_{19,3} & 0 \\ 0 & 0 & \Lambda x_{20,3} & 0 \\ 0 & 0 & \Lambda x_{21,3} & 0 \\ 0 & 0 & \Lambda x_{22,3} & 0 \\ 0 & 0 & \Lambda x_{23,3} & 0 \\ 0 & 0 & \Lambda x_{24,3} & 0 \\ 0 & 0 & 0 & \Lambda x_{25,4} \\ 0 & 0 & 0 & \Lambda x_{26,4} \\ 0 & 0 & 0 & \Lambda x_{27,4} \\ 0 & 0 & 0 & \Lambda x_{28,4} \\ 0 & 0 & 0 & \Lambda x_{29,4} \\ 0 & 0 & 0 & \Lambda x_{30,4} \\ 0 & 0 & 0 & \Lambda x_{31,4} \\ 0 & 0 & 0 & \Lambda x_{32,4} \end{bmatrix} \begin{bmatrix} SF \\ EF \\ CF \\ IF \end{bmatrix} + \begin{bmatrix} \sigma_1 \\ \sigma_2 \\ \sigma_3 \\ \sigma_4 \\ \sigma_5 \\ \sigma_6 \\ \sigma_7 \\ \sigma_8 \\ \sigma_9 \\ \sigma_{10} \\ \sigma_{11} \\ \sigma_{12} \\ \sigma_{13} \\ \sigma_{14} \\ \sigma_{15} \\ \sigma_{16} \\ \sigma_{17} \\ \sigma_{18} \\ \sigma_{19} \\ \sigma_{20} \\ \sigma_{21} \\ \sigma_{22} \\ \sigma_{23} \\ \sigma_{24} \\ \sigma_{25} \\ \sigma_{26} \\ \sigma_{27} \\ \sigma_{28} \\ \sigma_{29} \\ \sigma_{30} \\ \sigma_{31} \\ \sigma_{32} \end{bmatrix}$$

(6-1)

6.1.2 内生潜变量测量方程的确立

根据核心能力形成的量表模型的研究结果,内生潜变量核心管理能力形成（AF）包含4个观测指标，核心技术能力形成（TF）包含4个观测指标，核心市场能力形成（MF）包含4个观测指标，核心整合能力（CF）包含4个观测指标，因此，根据内生潜变量测量方程的一般公式 $Y = \Lambda_y \eta + \varepsilon$，可以确立内生潜变量测量方程如公式6-2所示。

$$\begin{bmatrix} a1 \\ a2 \\ a3 \\ a4 \\ t1 \\ t2 \\ t3 \\ t4 \\ m1 \\ m2 \\ m3 \\ m4 \\ c1 \\ c2 \\ c3 \\ c4 \end{bmatrix} = \begin{bmatrix} \Lambda y_{1,1} & 0 & 0 & 0 \\ \Lambda y_{2,1} & 0 & 0 & 0 \\ \Lambda y_{3,1} & 0 & 0 & 0 \\ \Lambda y_{4,1} & 0 & 0 & 0 \\ 0 & \Lambda y_{5,2} & 0 & 0 \\ 0 & \Lambda y_{6,2} & 0 & 0 \\ 0 & \Lambda y_{7,2} & 0 & 0 \\ 0 & \Lambda y_{8,2} & 0 & 0 \\ 0 & 0 & \Lambda y_{9,3} & 0 \\ 0 & 0 & \Lambda y_{10,3} & 0 \\ 0 & 0 & \Lambda y_{11,3} & 0 \\ 0 & 0 & \Lambda y_{12,3} & 0 \\ 0 & 0 & 0 & \Lambda y_{13,4} \\ 0 & 0 & 0 & \Lambda y_{14,4} \\ 0 & 0 & 0 & \Lambda y_{15,4} \\ 0 & 0 & 0 & \Lambda y_{16,4} \end{bmatrix} \begin{bmatrix} AF \\ TF \\ MF \\ CF \end{bmatrix} + \begin{bmatrix} \varepsilon_1 \\ \varepsilon_2 \\ \varepsilon_3 \\ \varepsilon_4 \\ \varepsilon_5 \\ \varepsilon_6 \\ \varepsilon_7 \\ \varepsilon_8 \\ \varepsilon_9 \\ \varepsilon_{10} \\ \varepsilon_{11} \\ \varepsilon_{12} \\ \varepsilon_{13} \\ \varepsilon_{14} \\ \varepsilon_{15} \\ \varepsilon_{16} \end{bmatrix} \quad (6-2)$$

6.1.3 结构方程的确立

根据研究假设和结构方程的基本形式，$\eta = \beta\eta + \Gamma\xi + \zeta$，得本书的结构方程如公式6-3所示。

$$\begin{bmatrix} AF \\ TF \\ MF \\ CF \end{bmatrix} = \begin{bmatrix} \beta_{11} & \beta_{12} & \beta_{13} & \beta_{14} \\ \beta_{21} & \beta_{22} & \beta_{23} & \beta_{24} \\ \beta_{31} & \beta_{32} & \beta_{33} & \beta_{34} \\ \beta_{41} & \beta_{42} & \beta_{43} & \beta_{44} \end{bmatrix} \begin{bmatrix} AF \\ TF \\ MF \\ CF \end{bmatrix} + \begin{bmatrix} \Gamma_{11} & \Gamma_{12} & \Gamma_{13} & \Gamma_{14} \\ \Gamma_{21} & \Gamma_{22} & \Gamma_{23} & \Gamma_{24} \\ \Gamma_{31} & \Gamma_{32} & \Gamma_{33} & \Gamma_{34} \\ \Gamma_{41} & \Gamma_{42} & \Gamma_{43} & \Gamma_{44} \end{bmatrix} \begin{bmatrix} SF \\ EF \\ CF \\ IF \end{bmatrix} + \begin{bmatrix} \zeta_1 \\ \zeta_2 \\ \zeta_3 \\ \zeta_4 \end{bmatrix}$$

$$(6-3)$$

其中：公式左边 AF、TF、MF 和 CF 是内生潜变量，分别代表核心管理能力形成、核心技术能力形成、核心市场能力形成和核心整合能力形成；公式右边 *SF*、*EF*、*CF* 和 *IF* 是外源潜变量，分别代表知识社会化、知识外显化、知识组合化和知识内隐化。

6.1.4 测量方程的识别

（1）测量模型的识别准则

对于测量模型，目前还没有一个充要条件进行识别判断，但存在一些必要条件或充分条件的识别准则有助于模型的识别，具体内容如表 6-1 所示。

表 6-1　　　　　　　验证性因子模型的识别准则

Table 6-1 Recognization rule of CFA

识别法则	条件要求	充分或必要条件
t—法则	$t \leq p(p+1)/2$ *t*：模型中自由参数的个数； *p*：模型中观察指标的个数	必要条件
三指标法则	（1）每个因子至少 3 个指标；（2）每个指标只测量 1 个因子；（3）误差不相关	充分条件
两指标法则	（1）多于 1 个因子；（2）每个因子至少 2 个指标；（3）每个指标只测量 1 个因子；（4）每个因子都有与之相关的因子；（5）误差不相关	充分条件

对于 *t*—法则而言，虽然不能保证满足 *t*—法则的模型都是可识别的，但可以排除掉一些不可识别的模型；利用三指标法则和两指标法则，可以判断许多可识别的因子模型。

（2）外源潜变量测量方程的识别判断

t—法则判断：外源潜变量测量方程中，自由参数包括 32 个因子负荷，32 个误差方差，6 个因子相关系数，因此，*t* 值为 70。模型中观察指标个数为 32，因此，$p(p+1)/2$ 的值为 528。显然，$t \leq p(p+1)/2$，模型可识别的必要条件成立。

两指标法则判断：①模型含有 *SF*、*EF*、*CF* 和 *IF* 4 个因子；②每个因子分别含有 11 个、3 个、10 个、8 个指标，即每个因子至少 2 个指标;③每个指标只测量1个因子;④4个因子之间存在相关性,即外源变量协方差矩阵为下三角矩阵;⑤外源指标的误差协方差矩阵在验证过程中设置为对角矩阵,因此,误差不相关。显然,模型可识别的充分条件成立。

(3) 内生潜变量测量方程的识别判断

t—法则判断:内生潜变量测量方程中,自由参数包括16个因子负荷,16个误差方差,6个因子相关系数,因此,t值为38。模型中观察指标个数为16,因此,$p(p+1)/2$ 的值为120。显然,$t \leqslant p(p+1)/2$,模型可识别的必要条件成立。

三指标法则判断:①模型含有 AF、TF、MF、CF 4个因子,且每个因子分别含有4个、4个、4个、4个指标,即每个因子至少3个指标;②每个指标只测量1个因子;③内生指标的误差协方差矩阵在验证过程中设置为对角矩阵,因此,误差不相关。显然,模型可识别的充分条件成立。

6.2 量表开发的一般方法

量表的开发过程实质上就是由理论量表向应用量表的演化过程,一般包括量表设计的基本路线、量表设计的基本原则、量表调研前的评价与修正方法、正式调研样本的选取背景、正式量表的评价与修正等若干内容。

6.2.1 量表设计路线

本书量表开发过程严格遵照 Churchill 提出的量表开发原则,可分为如下步骤:(1) 概念定义,将研究涉及的所有变量概念化;(2) 建立初始题项,可借助于权威研究资料与成果,也可通过焦点小组、深度访谈等方法,从管理专家、企业管理人员处获得,或者运用两种方法的结合;(3) 题项精练,通过计算题项与所属维度的其他题项总和 (item-to-total) 的相关系数和探索性因子分析来实现;(4) 可靠性评估,对精练后的题项再进行可靠性检验,而可靠性评估的数据样本与题项精

6 量表模型的检验与修正

练的数据样本需要存在一定程度的差异度。可靠性是指不同测量者使用同一测量量表的一致性水平,用以反映相同条件下重复测量结果的近似程度。测量可靠性的一个常用指标是 Cronbach's α;(5)维度修正,用验证性因子分析对题项进行进一步修正;(6)有效性评估,进行表面有效性、架构有效性、规则有效性检验,评估测量工具的内部有效性(柯惠新、黄京华、沈浩,1992)。具体过程如图6-1所示。

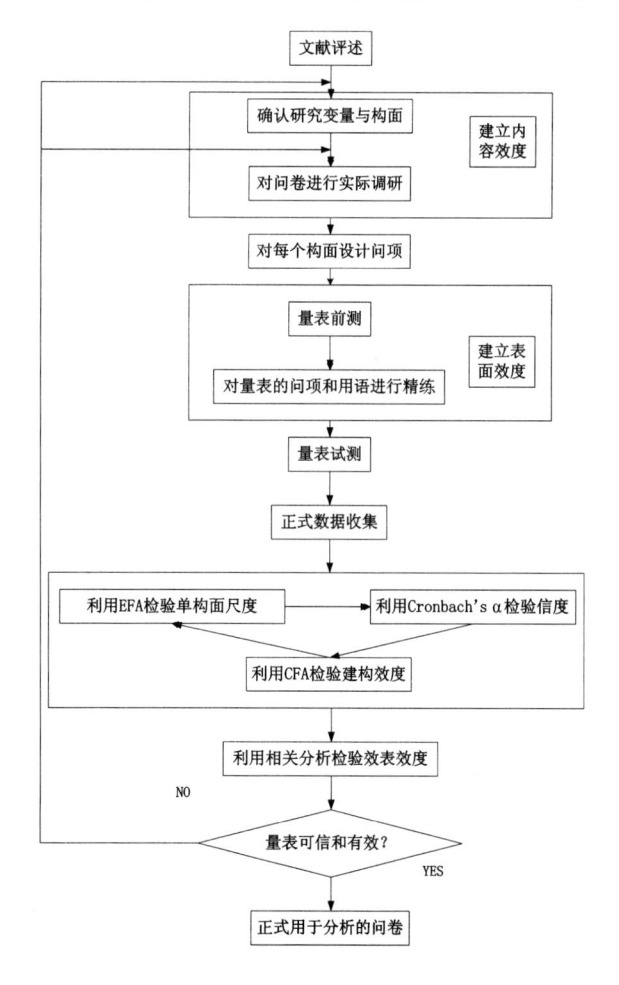

图6-1 量表开发路线

Fig. 6-1 Index table design method

6.2.2 量表设计的基本原则

量表质量是研究质量的基础，好的量表应该具有足够高的信度和效度。为了保证较高的量表质量，本书在研究过程中遵循如下的设计规范和修正程序：

（1）为了保证量表的内容效度，本书采取如下措施：一是在指标内容选项上尽量借助于国内外权威文献的研究成果，将其运用过的量表进行借鉴和修正。二是对于无可直接借鉴的量表，本书在对其概念体系进行深入分析与综合的基础上，结合调研过程中感受到的企业实际运作状况进行量表初步生成。三是为了消除内容歧义的现象，本书在正式调查之前对问卷进行了前测（pretest）、试测（pilot test）和内部讨论。

（2）收集正式调研数据的同时进行单构面尺度特征、信度和建构效度的评估，根据评估结果修正量表。即运用探索性因子分析（exploratory factor analysis）来检验量表的单构面尺度设计；利用 Cronbach's α 信度系数分析法分析各测量变量的信度，以了解衡量各构面的指标体系的内部一致性；利用验证性因子分析（confirmatory factor analysis）测量各构面测度问题的收敛效度（convergent validity）和区别效度（discriminate validity），以检验探索性因子分析结果的拟和能力。探索性因子分析样本与验证性因子分析样本应具有一定的差异度。

（3）用相关分析检验效标效度，以了解效标变量对各变量的解释能力。经过单构面尺度检验、信度检验、收敛效度检验、区别效度检验和效标效度检验，实现对有关题项的增减，最终得到具有较好信度和效度的修正量表，从而在一定程度上保证了分析结论的可靠性。

（4）力求调查对象与本书的研究目的高度吻合。本书的研究目的是检验我国企业知识转化与核心能力形成相关性的现实效应，而知识管理活动也是在企业行为中一种普遍存在的现象，因此，具有较深厚的知识管理理论与较丰富的知识管理实践，且具有较系统的全局观念的企业人员比较适合于本书的调查，所以本书的调查对象主要确立为具有较高学历的决策层人员与管理层人员。

6.2.3　量表正式调研前的评价与修正

为了避免受测者误解问卷题项的内容而误答问卷,影响到问卷的表面效度而进行前测。问卷前测一般分为如下几个步骤:(1)选取企业界若干名实务经验较强的高、中级管理人员并请求他们给予支持与配合;(2)请前测人员在未经任何提示的情况下,对问卷初稿进行填写。在填写过程中如果发现某些题项语义不明、填写困难时,可以当场向研究者提出异议;(3)在样本问卷填写结束之后,研究者与填写者进行逐题讨论,以确认问卷填答者对题项的理解程度,与题项所要求的意思是否相同;(4)研究者以询问和讨论的方式,向填答者征询是否遗漏与题项相关性较强的其他重要因素,以便对题项进行补充和调整。经过上述步骤若干次反复,即可完成问卷的前测工作。

6.2.4　正式调研样本的选取背景

本书将东部地区企业的样本研究确定在长江三角洲的 2 省 4 市,即江苏省的苏州市、南京市,浙江省的杭州市和上海市。长三角是我国重要的经济发展中心,经济力量雄厚,对外开放较早,海外联系密切,经济潜力较大,技术更新较快,企业文化建设力度较高,对先进管理思想和手段吸纳能力较强,多种所有制并存,产权机制灵活,因此可以代表我国东部地区企业的总体情况。同时,本书将西部地区企业的样本研究确定在我国西南地区的 3 省 4 市,即四川省的成都市、云南省的昆明市、贵州省的贵阳市和重庆市。成渝经济区是我国西部最大的经济工业带,内部联系日益密切,近年来在国家优惠政策的扶植下经济发展速度较快,发展势头较猛,已成为我国继长三角、珠三角、京津唐之后的第四大经济中心。昆明市是云南省的省会,冶金、机械、旅游、医药、烟草行业较发达,和东南亚国家的经济联系日益密切。贵阳市位于我国中西部接合地区,以橡胶、冶金、旅游等产业著称于西南,可作为我国西部地区发展中城市的典型样本。因此,这

4个西南城市的样本可以代表我国西部地区企业的总体情况。

6.2.5 正式量表的评价与修正

在问卷收回后,采用统计方法对资料进行分析和检验,以评价其信度和效度,具体过程分为如下几个步骤:

(1) 单构面尺度检验,即用探索性因子分析来检测所有量表的测量题项是否具有高质量的单构面尺度

单构面尺度是指一组测量题项中仅存在单一的特质(trait)或构面(construct)作为代表。单构面尺度的量表具有两个特征:第一,每一个测量题项必须显著地与相对应的潜变量(latent variable)相关联;第二,该测量题项只能与唯一的潜变量相关联。本书采用探索性因子分析来检测所使用量表的测量题项是否具有高质量的单构面尺度特征。探索性因子分析能够获取每个测量题项与因子之间的因子负荷量(factor loading)。因子负荷量越高,说明测量题项与潜变量之间的关联性越强,并显示了该题项符合单构面检验的第一项条件。当同一量表中的所有题项均拥有高于0.5以上的因子负荷时,即可表明所有测量题项都与因子显著相关。同时,如果同一题项对两个以上的因子的负荷系数均大于0.5时,则将其从量表中删除。这样,经过过滤后的测量题项都只与一个因子显著相关,满足单构面尺度要求的两个条件。

在实施探索性因子分析之前,需要对量表进行适用性条件检验,本书采用取样适当性指标(KMO)和Bartett球形检验法来进行分析。取样适当性指标越大则表明变量间的共同因素越多,越适合进行因子分析。一般情况下,当KMO值小于0.5时,不适合对测量量表进行因子分析。Bartett球形检验值的显著性值也是判断是否适合进行因子分析的条件。通过以上两项评估后,方可正式进行因子分析。

本书采用正交旋转来提取特征值大于1的构面(因子),以减少测量变量的数量。每个构面中的题项以单构面尺度量表的两个特征来作为取舍标准。因子萃取后,按照所属主要题项的意义进行命名。

(2) 进行Cronbach's α信度系数分析,以了解衡量各构面的指标

体系的内部一致性

为了验证因子中各个观测指标的可靠性，在模型验证前，需要对各个因子的信度进行分析。检验信度的方法通常采用 L. J. Cronbach 所创立的 α 系数法，α 系数值界于 0—1，一般认为，α 系数值大于 0.65 就是可以接受的（于秀林、任雪松，1999）。然而，对于有些探索性研究来说 α 值在 0.5—0.6 之间就可以接受（李怀祖，2004）。如果某一构面的信度值非常低，则说明受访者对这些问题的看法相当不一致。

同时，本书对测量因子各变量的 α 值也进行分析，如果某个问项的 CITC 值小于 0.3，则说明该问项与其他问项的相关性过小，将其剔除可以显著地提高信度水平。在这种情况下，本书均将其剔除以保证每个因子具有较高的相关性。

（3）验证性因子分析，用以测量各构面测量问题的收敛效度和区别效度

效度包括内容效度（content validity）和架构效度（construct validity）两个方面。内容效度即表面有效性（face validity），指量表在逻辑上能够清晰反映出研究中所要测量的概念和内容，可通过主观判断进行。本书调研前的评价与修正阶段可以保证量表具有足够的内容效度。架构效度表示测量工具证明理论假设的程度，即测量得到的实证数据与要测量概念的理论逻辑相一致的程度，包括收敛有效性（convergent validity）和区别有效性（discriminate validity）两个方面。收效有效性是指对一个理论概念进行测量时，当它与相同架构的不同测量工具高度相关时，说明该测量工具具有收敛有效性。收效有效性可以通过计算标准化的因子负荷（factor loadings）及其显著性来判断。如果各个维度下的因子负荷值均显著大于 0.5，则符合收敛有效性。区别效度是指量表区别不同维度和概念的程度，当量表与不同概念的测量工具相关程度很低的时候，说明量表具有区别有效性。

本书以验证性因子分析来检验量表的架构效度。验证性因子分析以测量模式进行模式的适合度检验，通过因子负荷及其显著性的判断，来确定各构面是否具有足够的收敛效度。区别效度的检验方法

是：分别将两个构面之间的相关系数设定为1，然后将此限定模式与未限定之原模式进行卡方差异度检验。如果限定模式的卡方值大于原模式的卡方值并且达到显著水平时（3.84），则表明两构面之间具有区别效度。另外，区别效度也可通过指标体系相关系数矩阵进行判断。

（4）结构方程模型分析，用以验证各变量的效标效度

效标效度（criterion-related validity）是指测验分值与效度标准（validity criterion）之间的相关系数，表示测验效度之高低。效度标准是指足以显示衡量工具所欲测量或预测的特质的独立变量，可作为检定效度的参考标准。效标关联效度又可分为同时效度（concurrent validity）与预测效度（predictive validity），其中预测效度在一般实证研究中较常用。在预测效度分析上，实证研究大都以预测变量及其整体之效标变量（一般以结果变量为效标变量）进行相关分析加以验证。若相关系数达到显著性，则代表具有预测效度。

（5）规则有效性检验（normal validity）

规则有效性是检验所测量的变量与其他变量之间的相关关系或因果关系。为了进一步确立测量工具的有效性，问卷开发者还可验证此测量工具是否会产生预期的行为效果，因此，可以在一定条件下实施规则有效性检验。

当然，在进行量表的评价与修正时，并非完全实施所有模式的效度检验，而是根据具体验证需求有选择地进行。

6.3　知识转化量表的检验与修正

知识转化量表的应用与修正过程包括问卷前测、问卷试测、数据收集、单构面尺度检验、信度检验与效度检验6个环节，从而实现知识转化量表的修正。问卷前测的目的是提高问卷题项内容的清晰性与易理解性，问卷试测的目的是进一步检验修改后问卷的信度，在前测和试测的基础上可以进行正式量表数据的收集。单构面尺度检验的目的是寻找相关指标的共性，从而分类组合成不同的测度要素，而单构

面尺度检验的一般方法是探索性因子分析，在实施探索性因子分析之前需要对样本数据实施 KMO 检验和 Bartlett 球体检验。信度检验的目的是验证样本数据的信度，一般使用 Cronbach's α 系数检验法。效度检验的目的是验证样本数据的效度，一般使用结构方程模型中的探索性因子分析方法。在本书中，单构面尺度检验和信度检验的工具是 SPSS 软件，而效度检验的工具是 Lisrel 8.7。

6.3.1 问卷前测

知识转化问卷前测分三个阶段进行：（1）在中国矿业大学（北京）管理学院进行问卷前测。具体过程是：2017 年 5 月 16 日，在管理学院和资源学院选取 3 名具有一定知识管理理论基础，并具有长时间企业工作、实践经验的学生，用 20 分钟时间向他们解释了知识管理的概况、背景以及知识转化的内容，并描述了问卷前测的目的，然后填写问卷测试内容。填写结束后，根据填写结果与 3 名被测试者逐项讨论题项的语义表述情况。这次前测发现的问题较多，对题项的语义表述进行了调整。但是，被测试人员根据自己相关的理论知识和企业经验，并借鉴于现有的知识管理绩效测度方面的研究成果，认为问卷内容经过适当的修改和调试，完全可以实现本书的测试目的。（2）在东部地区进行问卷前测。具体过程是：在苏州科技大学公共管理学院陈三毛副教授、苏州高教园区西苏纳米有限公司总经理赵健、昆山华芳皮塑有限公司副总经理吴余粮的协助下，聘请了苏州工业园区 5 名企业高级管理人员，于 2017 年 5 月 27 日在苏州科技学院公共管理系进行样本前测。前测过程中对 S2、S3、S7、S10、E4、E8、C1、C3、C10、C12、I6、I9 的题项设计提出了修改意见。（3）在西部地区进行问卷前测。具体过程是：在云南大学经济学院张天龙副教授、云南省国资委杨大伟副处长、云南省银监局梁春茂的协助下，聘请了昆明市 3 名企业高级管理人员，于 2017 年 5 月 31 日在云南大学经济学院进行了问卷前测。前测过程对 S2、S3、S9、S10、S12、E4、E12、C1、C5、C10、I1、I6、I10 的题项设计提出了修改意见。

综合两次前测的结果，对问卷的题项进行了整体调整。调整内容主要在 S2、S3、S10、E12、C1、C10、I6 七个题项设计上进行。

6.3.2 问卷试测

知识转化问卷试测分两个阶段进行：（1）东部地区的样本试测：2017 年 6 月 13 日，在苏州大学管理学院对该学院 2016 级 EMBA 班的 41 名学员进行试测。在试测前简短地描述了企业知识管理活动的概况，以便成员能够确定自己是否对本企业的知识管理活动产生一个总体的概念框架。然后对自愿报名参加测试的 26 名学员进行了问卷试测，收回问卷 26 份。学员们都能够进行认真填写，并且积极主动地对问卷内容提出了改进意见。本书对这 26 份问卷进行了初步信度分析，得到问卷中各变量 Cronbach's α 值分布在 0.7823—0.9544。（2）西部地区样本试测：在云南大学管理学院俞佳泉副教授的协助之下，于 2017 年 6 月 21 日在云南大学管理学院对该院 2005 级 EMBA 班的 23 名学员进行问卷试测。由于试测对象较少，在介绍了企业知识管理活动的相关知识之后，没有对试测对象进行筛选，将全体学员均作为试测对象，收回问卷 23 份。学员们认真填写了问卷，然后就问卷内容进行了 20 分钟的讨论，最后将整理后的反馈内容交回。本书对这 23 份问卷进行了初步信度分析，得到问卷中各变量 Cronbach's α 值分布在 0.7012—0.8864。根据以上的试测内容和试测结果可以判断：本书的知识转化测试问卷具有足够的信度。

6.3.3 数据收集

（1）样本数据收集

本书的数据收集确定在我国东、西部两个地区，东部地区包括 4 个城市：苏州、南京、上海、杭州；西部地区包括 4 个城市：昆明、成都、贵阳、重庆。数据收集方式有 5 种：友情采访、电话联系后采访、纸质信件调查、电子邮件调查、团队数据收集。友情采访的具体过程是：通过各种同学、同事、朋友、亲属关系与调查对象建立联系并经对方同意后，即在约定时间前往调查，详细调查之前一般对调查背景和目的进行简短的描述。电话联系后采访的具体过程是：从企业通讯录上拟定查询对象，找出联系电话，通过电话说明意图，如经对方同意就立即或按约定时间赶赴对方单位进行采访，采访之前一般尽可能地说明调查背景和调查目的。纸质信件调查的具体过程是：在企业通讯录上查找到拟访对象的名称、地址后，直接将调查问卷发到对方邮箱，然后等待回应，这种采访方式均在问卷前详细说明了调查的目的、意图和背景，并请求对方对本研究提供帮助。电子邮件调查的具体过程是：在互联网上得到拟访对象的电子信箱之后，直接将电子调查问卷发至对方邮箱，电子问卷的内容与格式与纸质问卷的内容与格式完全相同。团队数据收集的具体过程与问卷试测的方式相同，主要用于对重庆市与杭州市的数据收集，运用委托的方式在重庆大学与浙江大学的 EMBA 班各收集样本 34 份与 27 份。

此次调查的时间跨度是 2017 年 6 月 22 日至 2017 年 10 月 10 日，共 112 天，收集样本 379 份，其中东部 4 城市 201 份，西部 4 城市 178 份。东、西部地区原始样本分布如图 6-2 和图 6-3 所示。

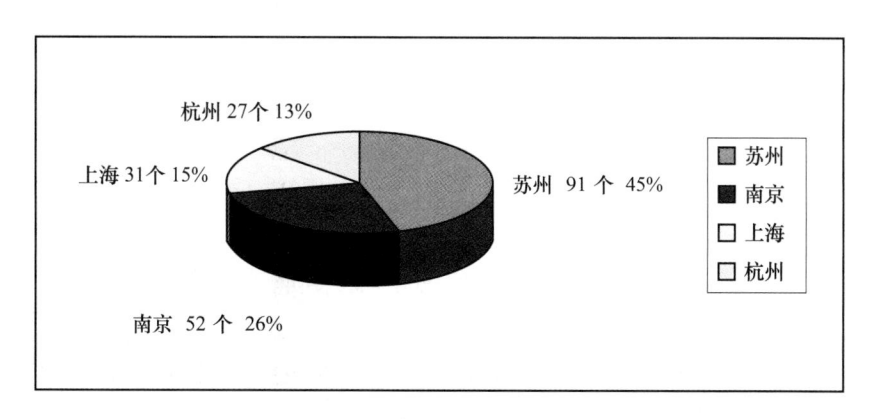

图 6-2 东部地区原始样本分布

Fig. 6-2 Primary sample distribution of eastern district

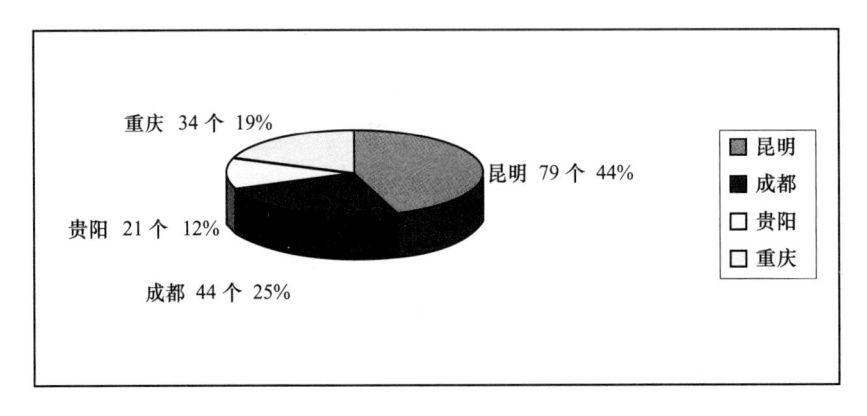

图 6-3 西部地区原始样本分布

Fig. 6-3 Primary sample distribution of western district

(2) 样本数据整理

由于本次研究调查地域范围较广，收集样本较多，原始数据调查结束后即进行不良数据剔除，数据剔除的原则是：

第一，剔除指标值普遍偏低的样本。如果指标值普遍偏低，说明该企业的知识转化行为并不显著。

第二，剔除问卷题项存在严重遗漏情况的样本。

第三，剔除受访者任职年限两年以下且个人学历在本科以下的样本。

第四，剔除问卷填写者职务不明的样本。

第五，剔除地域过分集中的样本，如本研究中将昆明市的有效样本和苏州市的有效样本各剔除10份。

第六，剔除受访者任职年限在两年以下且职工人数少于200人的样本。

经过数据整理后，共保留有效样本311份，其中东部地区161份，西部地区150份。东、西部地区有效样本分布如图6-4和图6-5所示。

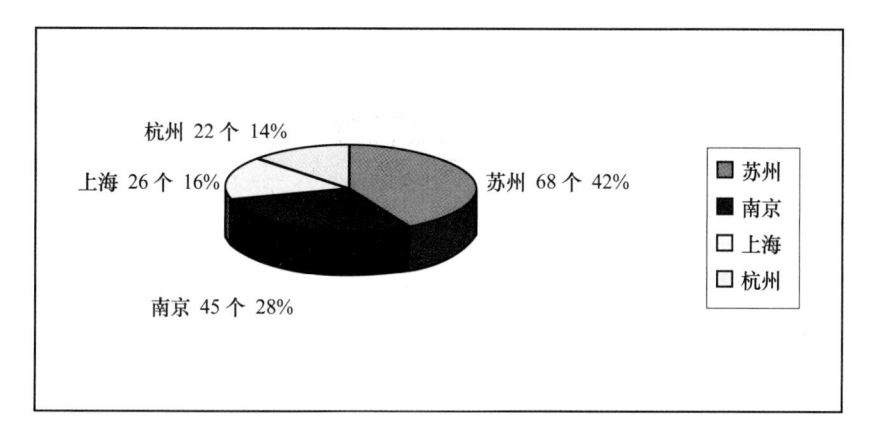

图 6-4 东部地区有效样本分布

Fig. 6-4 Valid sample distribution of eastern district

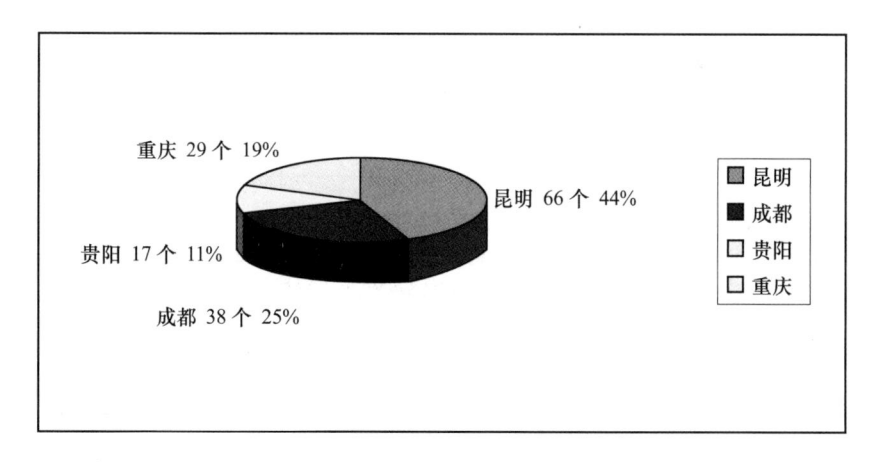

图 6-5 西部地区有效样本分布

Fig. 6-5 Valid sample distribution of western district

(3) 样本特征说明

样本特征说明包括受访者样本特征说明和受访企业样本特征说明，分别如表 6-2 和表 6-3 所示。

表6-2　　　　　　　　　　　受访者特征说明

Table 6-2　　Character of visitor

变量背景	受访者个人情况	东部地区样本		西部地区样本	
		人数（人）	百分比（%）	人数（人）	百分比（%）
受访者职务	总经理	33	20	25	17
	副总经理	66	40	49	33
	经济师、会计师	12	8	17	11
	部门经理	36	22	48	32
	企业高级顾问	9	6	8	5
	其他	5	4	3	3
受访者学历	本科以下	9	6	14	9
	本科及同等学力	58	36	61	41
	硕士与MBA	77	48	66	44
	博士及在读博士	17	10	9	6
任职年限	2年及以下	16	10	14	9
	3—5年	65	40	49	33
	6—10年	67	41	65	43
	10年以上	13	9	22	15

表6-3　　　　　　　　　　　受访企业特征说明

Table 6-3　　Character of enterprise

变量背景	受访公司情况	东部地区样本		西部地区样本	
		个数	百分比（%）	个数	百分比（%）
所有制情况	国有企业	59	36	71	47
	民营企业	38	24	32	21
	股份企业	37	23	24	16
	外资企业	22	13	18	12
	其他企业	5	4	5	4

续表

变量背景	受访公司情况	东部地区样本		西部地区样本	
		个数	百分比（%）	个数	百分比（%）
平均资产总额	1000万元以下	26	16	28	19
	1000万—5000万元	60	37	56	37
	5000万—2亿元	45	28	49	33
	2亿—10亿元	23	14	13	8
	10亿元以上	7	5	4	3
平均销售收入	1000万元以下	34	21	35	23
	1000万—5000万元	51	32	59	39
	5000万—2亿元	44	27	38	25
	2亿—10亿元	20	12	13	9
	10亿元以上	12	10	5	4
职工人数	200人以下	22	14	24	16
	200—1000人	39	24	50	33
	1000—5000人	46	29	50	33
	5000—1万人	31	19	19	13
	1万人以上	13	14	7	5
公司成立时间	5年以下	31	19	27	18
	5—10年	42	26	31	21
	10—15年	29	18	42	28
	15—20年	31	19	29	19
	20年以上	28	16	21	14

6.3.4 单构面尺度检验

知识转化测度体系的单构面尺度检验分三个部分进行：知识社会化的单构面尺度检验、知识组合化的单构面尺度检验和知识外显化的单构面尺度检验。由于知识外显化在知识转化测度模型的细化之后只保留三个测度指标，因而不需要进行单构面尺度检验，可以直接将指标体系纳入验证模型。

(1) 知识社会化单构面尺度检验

①KMO 检验和 Bartlett 检验

表6-4　　　知识社会化测度量表 KMO 检验和 Bartlett 检验

Table 6-4　KMO and Bartlett certification on socialization

指标值		东部地区样本	西部地区样本
Kaiser-Merer-Olkin 值		0.761	0.820
Bartlett 球形检验	近似卡方值	339.866	287.127
	自由度	28	28
	显著性	0.000	0.000

根据 KMO 检验和 Bartlett 检验的结果，知识社会化测度指标体系可以进行探索性因子分析。

②探索性因子分析

表6-5　　　知识社会化测度量表探索性因子分析结果

Table 6-5　Explore factor analysis on measure table of socialization

问项	因子负荷值（东部地区）			因子负荷值（西部地区）		
	因子1（学习主动性）	因子2（学习气氛）	因子3（学习机制）	因子1（学习主动性）	因子2（学习气氛）	因子3（学习机制）
S1	0.712	0.212	0.323	0.816	0.333	0.302
S2	0.661	0.303	0.178	0.672	0.231	0.112
S3	0.373	0.761	0.431	0.187	0.801	0.345
S4	0.499	0.717	0.317	0.179	0.691	0.412
S5	0.318	0.166	0.672	0.445	0.385	0.627
S6	0.286	0.801	0.199	0.454	0.783	0.179
S7	0.512	0.428	0.316	0.417	0.298	0.308
S8	0.426	0.315	0.828	0.289	0.306	0.782
S9	0.481	0.501	0.476	0.318	0.455	0.376
S10	0.292	0.423	0.719	0.189	0.321	0.182
S12	0.812	0.278	0.411	0.639	0.432	0.817

探索性因子分析后，萃取出三个因子：知识社会化学习主动性、

知识社会化学习气氛、知识社会化学习机制。知识社会化学习主动性共有3个题项（S1、S2、S12），两个样本因子特征值分别为2.618和1.987，可解释方差量分别为37.312%和39.141%。知识社会化学习气氛共有3个题项（S3、S4、S6），两个样本因子特征值分别为2.121和2.765，可解释方差量分别为41.256%和33.679%。知识社会化学习机制共有3个题项（S5、S8、S10），两个样本因子特征值分别为1.890和2.054，可解释方差量分别为30.981%和34.612%。题项S7与S9没有通过检验，在本书中将其删除。

（2）知识组合化单构面尺度检验

①KMO检验和Bartlett检验

表6-6　　知识组合化测度量表KMO检验和Bartlett检验

Table 6-6　KMO and Bartlett certification on combination

指标值		东部地区样本	西部地区样本
Kaiser-Merer-Olkin值		0.822	0.715
Bartlett球形检验	近似卡方值	522.360	413.267
	自由度	45	45
	显著性	0.000	0.000

根据KMO检验和Bartlett检验的结果，知识组合化测度指标体系可以进行探索性因子分析。

②探索性因子分析

表6-7　　知识组合化测度量表探索性因子分析结果

Table 6-7　Explore factor analysis on measure table of combination

问项	因子负荷值（东部地区）			因子负荷值（西部地区）		
	因子1（学习主动性）	因子2（学习气氛）	因子3（学习机制）	因子1（学习主动性）	因子2（学习气氛）	因子3（学习机制）
C1	0.628	0.115	0.405	0.717	0.264	0.317
C2	0.470	0.343	0.725	0.344	0.120	0.835

续表

问项	因子负荷值（东部地区）			因子负荷值（西部地区）		
	因子1（学习主动性）	因子2（学习气氛）	因子3（学习机制）	因子1（学习主动性）	因子2（学习气氛）	因子3（学习机制）
C3	0.365	0.290	0.781	0.275	0.456	0.679
C5	0.752	0.461	0.358	0.689	0.290	0.339
C6	0.478	0.667	0.297	0.301	0.686	0.177
C7	0.160	0.491	0.788	0.129	0.470	0.722
C8	0.317	0.828	0.276	0.451	0.740	0.411
C9	0.810	0.181	0.399	0.795	0.160	0.335
C10	0.570	0.386	0.470	0.218	0.302	0.521
C12	0.454	0.767	0.101	0.236	0.685	0.291

探索性因子分析后，萃取出三个因子：知识组合化学习主动性、知识组合化学习气氛、知识组合化学习机制。知识组合化学习主动性共有3个题项（C1、C5、C9），两个样本因子特征值分别为2.120和2.712，可解释方差量分别为34.313%和39.432%。知识组合化学习气氛共有3个题项（C6、C8、C12），两个样本因子特征值分别为1.810和1.976，可解释方差量分别为41.312%和37.612%。知识组合化学习机制共有3个题项（C2、C3、C7），两个样本因子特征值分别为2.351和2.190，可解释方差量分别为35.413%和42.219%。题项C10没有通过检验，在本书中将其删除。

（3）知识内隐化单构面尺度检验

①KMO检验和Bartlett检验

表6-8　　知识内隐化测度量表KMO检验和Bartlett检验

Table 6-8　KMO and Bartlett certification on internalization

指标值		东部地区样本	西部地区样本
Kaiser-Merer-Olkin 值		0.838	0.820
Bartlett 球形检验	近似卡方值	780.195	682.212
	自由度	76	76
	显著性	0.000	0.000

根据 KMO 检验和 Bartlett 检验的结果，知识内隐化测度指标体系可以进行探索性因子分析。

②探索性因子分析

表6-9　　知识内隐化测度量表探索性因子分析结果

Table 6-9　Explore factor analysis on measure table of internalization

问项	因子负荷值（东部地区）		因子负荷值（西部地区）	
	因子1（学习主动性）	因子2（学习气氛）	因子1（学习主动性）	因子2（学习气氛）
I1	0.727	0.120	0.815	0.115
I2	0.129	0.775	0.358	0.837
I3	0.343	0.688	0.107	0.790
I5	0.344	0.358	0.491	0.154
I6	0.675	0.119	0.698	0.230
I7	0.308	0.782	0.221	0.654
I9	0.688	0.335	0.737	0.341
I10	0.571	0.203	0.180	0.236

探索性因子分析后，萃取出三个因子：知识内隐化学习主动性、知识内隐化学习气氛。知识内隐化学习主动性共有3个题项（I1、I6、I9），两个样本因子特征值分别为2.302和1.756，可解释方差量分别为46.765%和33.535%。知识内隐化学习气氛共有3个题项（I2、I3、I7），两个样本因子特征值分别为2.108和2.346，可解释方差量分别为38.507%和36.747%。题项I5和I10没有通过检验，在本书中将其删除。

6.3.5　信度检验

设知识社会化学习主动性因子为 $SF1$、知识社会化学习气氛因子为 $SF2$、知识社会化学习机制因子为 $SF3$；设知识组合化学习主动性

因子为 $CF1$、知识组合化学习气氛因子为 $CF2$、知识组合化学习机制因子为 $CF3$；设知识内隐化学习主动性因子为 $IF1$、知识内隐化学习气氛因子为 $IF2$。然后对知识社会化测度量表、知识组合化测度量表、知识内隐化测度量表分别进行信度检验。

（1）知识社会化信度检验

表 6 – 10　　　　　知识社会化测度量表信度分析结果

Table 6 – 10　Result table of credit analysis on socialization

量表问项	指标（东部地区）			指标（西部地区）		
	Corrected Item-Total Correlation	Alpha If Item Deleted	Coefficient Alpha Cronbach's	Corrected Item-Total Correlation	Alpha If Item Deleted	Coefficient Alpha Cronbach's
总体量表			0.8120			0.8701
$SF1$			0.8272			0.7215
S1	0.7710	0.8017		0.7287	0.8543	
S2	0.7375	0.8126		0.7109	0.8134	
S12	0.7747	0.8315		0.6904	0.7810	
$SF2$			0.8188			0.7818
S3	0.5412	0.6015		0.7661	0.7989	
S4	0.4678	0.5371		0.7542	0.8143	
S6	0.6593	0.7177		0.7454	0.8541	
$SF3$			0.7990			0.7996
S5	0.6459	0.7219		0.5135	0.7112	
S8	0.7077	0.7129		0.5418	0.6038	
S10	0.6918	0.7929		0.6014	0.6850	

由表 6 – 10 可以看出，所有的 α 系数均达到了 0.65，且所有题项的 CITC 值均大于 0.3，因此，知识社会化测度量表具有较好的信度（李怀祖，2000）。

6　量表模型的检验与修正

（2）知识组合化信度检验

表6-11　　　　　知识组合化测度量表信度分析结果

Table 6-11　Result table of credit analysis on combination

量表问项	指标（东部地区）			指标（西部地区）		
	Corrected Item-Total Correlation	Alpha If Item Deleted	Coefficient Alpha Cronbach's	Corrected Item-Total Correlation	Alpha If Item Deleted	Coefficient Alpha Cronbach's
总体量表			0.8185			0.7914
CF1			0.8235			0.6942
C1	0.7415	0.8093		0.6547	0.7009	
C5	0.7075	0.7563		0.7182	0.8123	
C9	0.6954	0.7294		0.6903	0.7891	
CF2			0.7150			0.8129
C6	0.7608	0.8235		0.5958	0.6579	
C8	0.6845	0.7546		0.6013	0.6918	
C12	0.6455	0.6898		0.6340	0.7117	
CF3			0.7718			0.6947
C2	0.7219	0.8123		0.6570	0.7420	
C3	0.7712	0.8029		0.6906	0.7809	
C7	0.7092	0.7896		0.7181	0.6891	

由表6-11可以看出，所有的α系数均达到了0.65，且所有题项的CITC值均大于0.3，因此，知识组合化测度量表具有较好的信度。

（3）知识内隐化信度检验

表6-12　　　　　知识内隐化测度量表信度分析结果

Table 6-12　Result table of credit analysis on internalization

量表问项	指标（东部地区）			指标（西部地区）		
	Corrected Item-Total Correlation	Alpha If Item Deleted	Coefficient Alpha Cronbach's	Corrected Item-Total Correlation	Alpha If Item Deleted	Coefficient Alpha Cronbach's
总体量表			0.8175			0.8354

续表

量表问项	指标（东部地区）			指标（西部地区）		
	Corrected Item-Total Correlation	Alpha If Item Deleted	Coefficient Alpha Cronbach's	Corrected Item-Total Correlation	Alpha If Item Deleted	Coefficient Alpha Cronbach's
IF1			0.7963			0.8092
I1	0.6216	0.7682		0.6783	0.7712	
I6	0.5981	0.6849		0.7098	0.8072	
I9	0.6330	0.7035		0.7347	0.7931	
IF2			0.8327			0.8578
I2	0.7356	0.7809		0.6798	0.7532	
I3	0.7814	0.8345		0.8014	0.8650	
I7	0.7052	0.8092		0.7365	0.8038	

由表6-12可以看出，所有的α系数均达到了0.65，且所有题项的CITC值均大于0.3，因此，知识内隐化测度量表具有较好的信度。

6.3.6 收敛效度检验

本书用Lisrel 8.7和SPSS 11.5分别对知识社会化测度量表、知识外显化测度量表、知识组合化测度量表、知识内隐化测度量表进行收敛效度检验，从而得到验证性因子分析结构方程模型图和收敛效度检验表。收敛效度检验是建立在单构面尺度检验结果的基础之上，单构面检验过程中剔除的指标已不再纳入效度检验体系之中。

（1）知识社会化量表收敛效度检验

首先对东部地区样本进行验证性因子分析，得东部地区样本知识社会化验证性因子分析模型如图6-6所示。

然后对西部地区样本进行验证性因子分析，验证结果显示，西部地区样本知识社会化测度量表验证性因子分析结构模型图与东部地区的结构模型图在结构上具有高度的一致性，仅在因子负荷系数上存在较弱的差异，故而从略，不再于书中注明。

东部地区样本与西部地区样本知识社会化测度量表收敛效度检验

6 量表模型的检验与修正

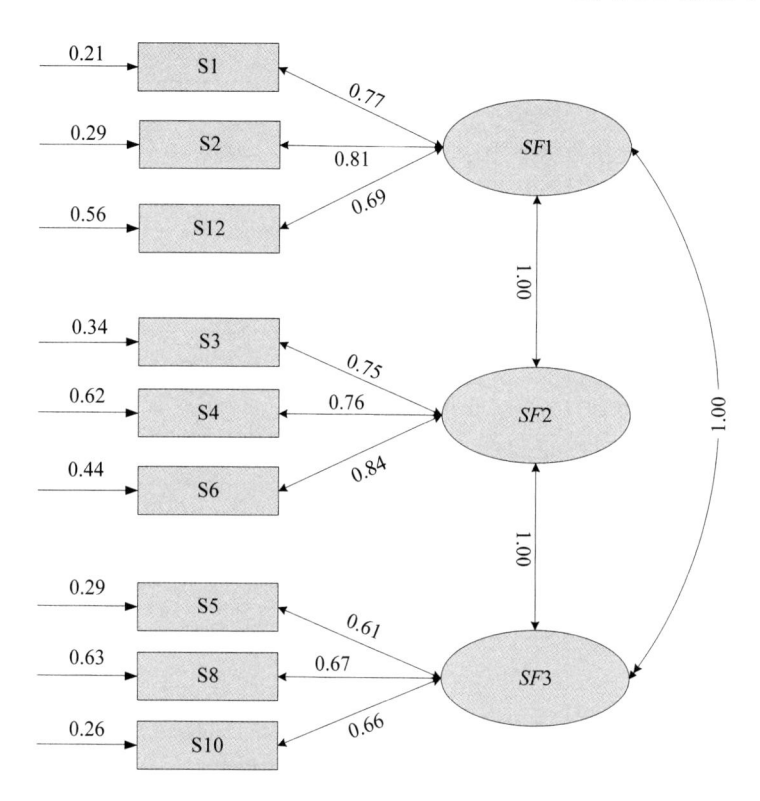

图 6-6 东部地区样本知识社会化测度量表验证性因子分析结构模型（一级）

Fig. 6-6 Structure model of CFA on socialization in eastern district
(first class)

表如表 6-13 所示。

表 6-13 知识社会化测度量表收敛效度检验（一级验证性因子分析）

Table 6-13 Valid certification on measure table of socialization
(first class certification factor analysis)

问项	东部地区样本负荷值（N=161）					西部地区样本负荷值（N=150）				
	SF1	SF2	SF3	SE	t 值	SF1	SF2	SF3	SE	t 值
1 级										
S1	0.77			0.21	3.12	0.81			0.31	2.71

续表

问项	东部地区样本负荷值（N=161）					西部地区样本负荷值（N=150）				
	$SF1$	$SF2$	$SF3$	SE	t值	$SF1$	$SF2$	$SF3$	SE	t值
S2	0.81			0.30	2.71	0.79			0.22	3.84
S12	0.69			0.11	6.09	0.67			0.19	3.19
S3		0.75		0.25	3.00		0.66		0.20	3.30
S4		0.76		0.20	3.64		0.59		0.18	3.11
S6		0.84		0.19	4.12		0.77		0.17	4.55
S5			0.61	0.24	2.89			0.72	0.32	2.26
S8			0.67	0.22	3.08			0.81	0.26	3.46
S10			0.66	0.19	3.21			0.68	0.31	2.27
Φ	$SF1$	$SF2$	$SF3$	最小t值		$SF1$	$SF2$	$SF3$	最小t值	
$SF1$	1.00					1.00				
$SF2$	0.66	1.00		4.58		0.71	1.00		4.38	
$SF3$	0.71	0.69	1.00	6.10		0.65	0.79	1.00	4.96	

东部地区：Chi-Square = 41.65，df = 24，P-value = 0.06432，RMSEA = 0.012

西部地区：Chi-Square = 32.18，df = 24，P-value = 0.18650，RMSEA = 0.027

由知识社会化测度量表一级验证性因子分析结果可知，模型具有较好的收敛效度。由于三个潜变量之间具有较高的相关系数，分别为0.66、0.71和0.69，且t值均达到了显著性水平（2.0），说明因子间还存在更高级的联系，因此有必要进行二级验证性因子分析。

6 量表模型的检验与修正

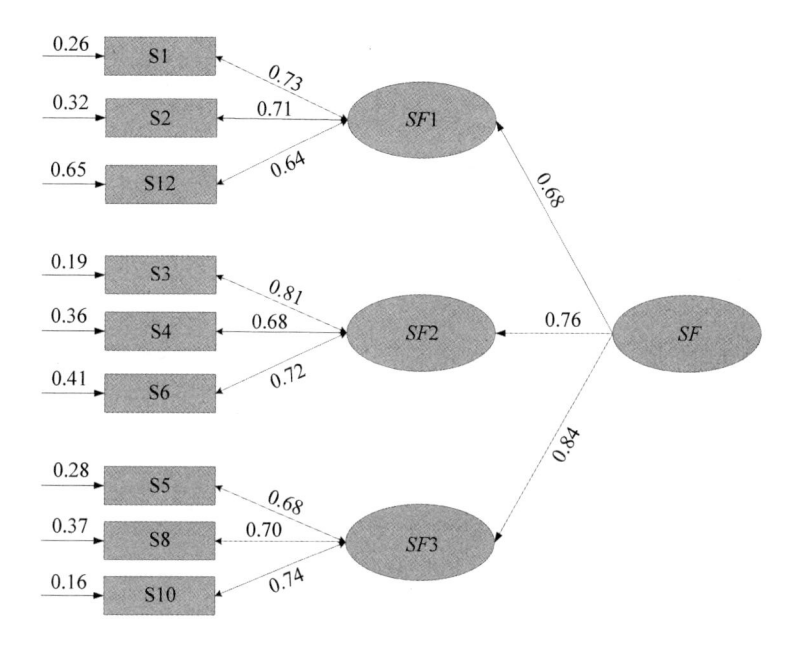

```
0.26 → S1   ↘ 0.73
0.32 → S2   → 0.71  → SF1
0.65 → S12  ↗ 0.64         ↘ 0.68
                                    
0.19 → S3   ↘ 0.81                   
0.36 → S4   → 0.68  → SF2  → 0.76 → SF
0.41 → S6   ↗ 0.72                   
                                    ↗ 0.84
0.28 → S5   ↘ 0.68                   
0.37 → S8   → 0.70  → SF3            
0.16 → S10  ↗ 0.74                   
```

图6-7 东部地区样本知识社会化测度量表验证性因子分析结构模型（二级）

Fig. 6-7 Structure model of CFA on socialization in eastern district (second class)

同时得知识社会化测度量表收效效度检验表如表6-14所示。

表6-14 知识社会化测度量表收敛效度检验（二级验证性因子分析）

Table 6-14 Valid certification on measure table of socialization (second class certification factor analysis)

问项	东部地区样本负荷值（N=161）					西部地区样本负荷值（N=150）				
	SF1	SF2	SF3	SE	t值	SF1	SF2	SF3	SE	t值
1级										
S1	0.73			0.21	3.12	0.81			0.31	2.71
S2	0.71			0.30	2.71	0.79			0.22	3.84
S12	0.64			0.11	6.09	0.67			0.19	3.19
S3		0.81		0.25	3.00		0.66		0.20	3.30

续表

问项	东部地区样本负荷值（N=161）					西部地区样本负荷值（N=150）				
	SF1	SF2	SF3	SE	t值	SF1	SF2	SF3	SE	t值
S4		0.68		0.20	3.64		0.59		0.18	3.11
S6		0.72		0.19	4.12		0.77		0.17	4.55
S5			0.68	0.24	2.89			0.72	0.32	2.26
S8			0.70	0.22	3.08			0.81	0.26	3.46
S10			0.74	0.19	3.21			0.68	0.31	2.27
2级	对SF负荷值（东部）			t值		对SF负荷值（西部）			t值	
SF1	0.81			4.33		0.61			2.97	
SF2	0.67			5.28		0.69			2.86	
SF3	0.79			5.10		0.71			4.03	

东部地区：Chi-Square = 39.56，df = 24，P-value = 0.10671，RMSEA = 0.052

西部地区：Chi-Square = 41.43，df = 24，P-value = 0.29950，RMSEA = 0.071

由二级验证性因子分析的结果可知，模型总体拟合效果较好，因此，知识社会化测度量表具有较高的收敛效度。

（2）知识组合化量表收敛效度检验

东部地区样本知识组合化验证性因子分析模型如图6-8所示。

然后在西部地区样本中随机选择样本数据72份，样本数与指标数之比为8∶1，同样对知识组合化测度模型进行验证性因子分析，验证结果显示，西部地区样本知识组合化测度量表验证性因子分析结构模型图与东部地区的结构模型图在结构上具有高度的一致性，仅在因子负荷系数上存在较弱的差异，故而从略，不再于书中注明。

东部地区样本与西部地区样本知识组合化测度量表收效效度检验表如表6-15所示。

6 量表模型的检验与修正

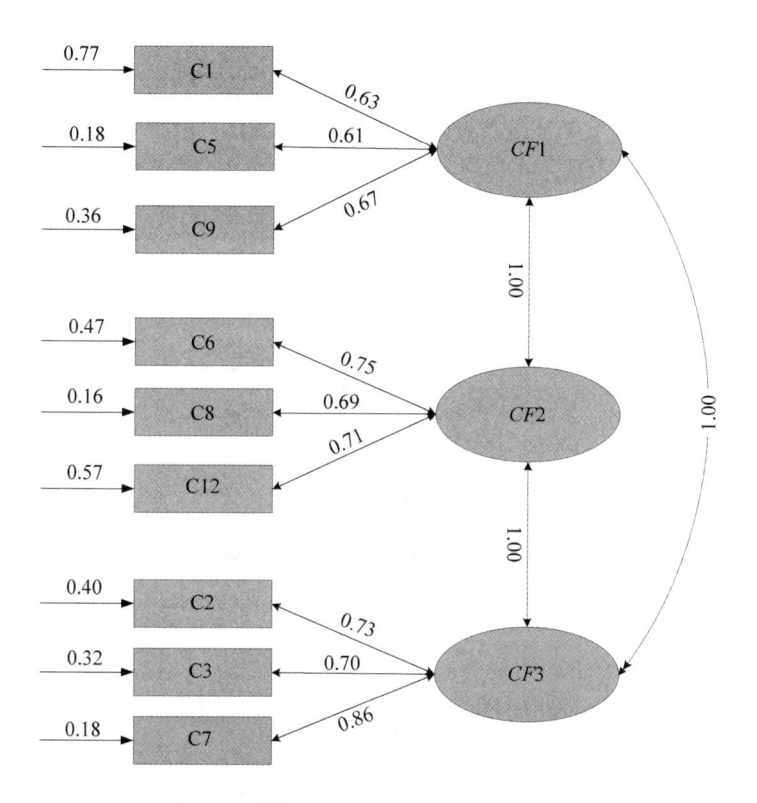

图 6-8 东部地区样本知识组合化测度量表验证性因子分析结构模型（一级）

Fig. 6-8 Structure model of CFA on combination in eastern district

(first class)

表 6-15 知识组合化测度量表收敛效度检验（一级验证性因子分析）

Table 6-15 Valid certification on measure table of combination

(first class certification factor analysis)

问项	东部地区样本负荷值（N=161）					西部地区样本负荷值（N=150）				
	CF1	CF2	CF3	SE	t 值	CF1	CF2	CF3	SE	t 值
1 级										
C1	0.63			0.14	4.32	0.72			0.22	3.58
C5	0.61			0.22	3.13	0.77			0.20	3.86
C9	0.67			0.16	4.23	0.69			0.19	3.48

续表

问项	东部地区样本负荷值（N=161）					西部地区样本负荷值（N=150）				
	CF1	CF2	CF3	SE	t值	CF1	CF2	CF3	SE	t值
C6		0.75		0.18	4.10		0.61		0.25	2.77
C8		0.69		0.20	3.33		0.64		0.20	3.09
C12		0.71		0.23	3.42		0.80		0.11	7.16
C2			0.73	0.16	4.79			0.81	0.17	4.67
C3			0.70	0.37	2.29			0.77	0.31	2.35
C7			0.86	0.32	2.87			0.72	0.23	3.19
Φ	CF1	CF2	CF3	最小t值		CF1	CF2	CF3	最小t值	
CF1	1.00					1.00				
CF2	0.71	1.00		4.12		0.66	1.00		6.22	
CF3	0.74	0.61	1.00	2.98		0.68	0.73	1.00	3.18	

东部地区：Chi-Square = 28.60，df = 24，P-value = 0.08765，RMSEA = 0.051

西部地区：Chi-Square = 45.87，df = 24，P-value = 0.19702，RMSEA = 0.023

由知识组合化测度量表一级验证性因子分析结果可知，模型具有较好的收敛效度。由于三个潜变量之间具有较高的相关系数，分别为 0.71、0.74 和 0.61，且 t 值均达到了显著性水平（2.0），说明因子间还存在更高级的联系，因此有必要进行二级验证性因子分析。

同时得知识组合化测度量表收效效度检验表如表 6-16 所示。

表 6-16 知识组合化测度量表收敛效度检验（二级验证性因子分析）

Table 6-16 Valid certification on measure table of combination (second class certification factor analysis)

问项	东部地区样本负荷值（N=161）					西部地区样本负荷值（N=150）				
	CF1	CF2	CF3	SE	t值	CF1	CF2	CF3	SE	t值
1级										
C1	0.65			0.21	3.05	0.77			0.22	3.76
C5	0.72			0.19	3.63	0.70			0.19	3.57

6 量表模型的检验与修正

续表

问项	东部地区样本负荷值（N = 161）					西部地区样本负荷值（N = 150）				
	CF1	CF2	CF3	SE	t 值	CF1	CF2	CF3	SE	t 值
C9	0.68			0.27	2.55	0.92			0.11	8.32
C6		0.73		0.20	3.61		0.67		0.10	6.68
C8		0.68		0.16	4.17		0.78		0.24	3.23
C12		0.66		0.24	2.89		0.71		0.23	3.10
C2			0.62	0.28	2.54			0.81	0.31	2.78
C3			0.87	0.19	4.39			0.67	0.28	2.34
C7			0.91	0.32	2.85			0.65	0.09	7.22
2级	对 CF 负荷值（东部）			t 值		对 CF 负荷值（西部）			t 值	
CF1	0.81	3.45	0.69	2.99						
CF2	0.76	6.18	0.72	4.01						
CF3	0.78	3.12	0.66	5.82						

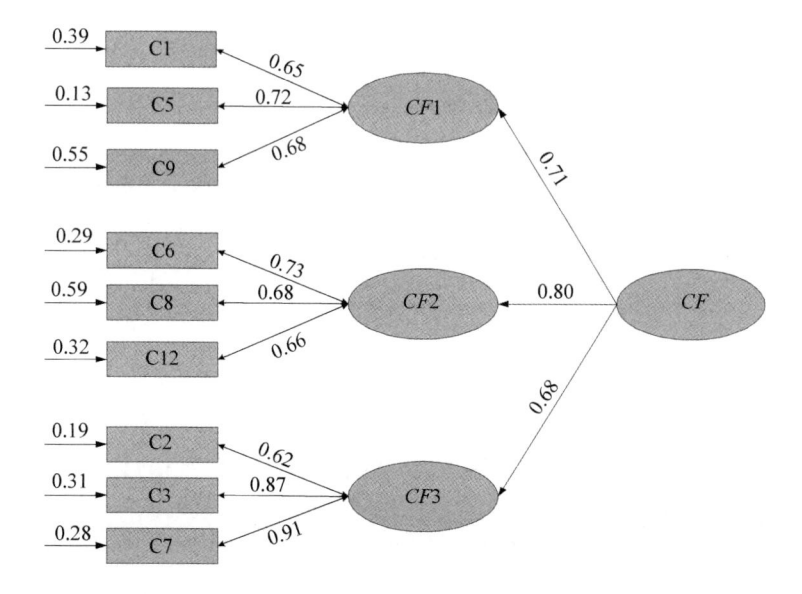

图 6 - 9 东部地区样本知识组合化测度量表验证性因子分析结构模型（二级）

Fig. 6 - 9 Structure model of CFA on combination in eastern district (second class)

东部地区：Chi-Square = 36.65，df = 24，P-value = 0.12109，RMSEA = 0.078

西部地区：Chi-Square = 27.98，df = 24，P-value = 0.09818，RMSEA = 0.029

根据二级验证性因子分析的结果可知，模型总体拟合效果较好，因此，知识组合化测度量表具有较高的收敛效度。

（3）知识内隐化量表收敛效度检验

首先对东部地区样本进行验证性因子分析，随机选取东部地区样本数据48份，样本数与指标数之比为8:1，得东部地区样本知识内隐化验证性因子分析模型如图6-10所示。

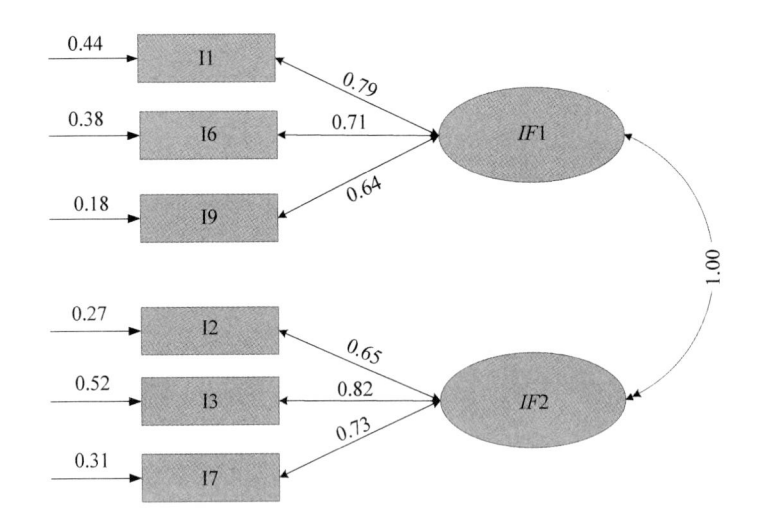

图 6 – 10 东部地区样本知识内隐化测度量表验证性因子分析结构模型（一级）

Fig. 6 – 10 Structure model of CFA on internalization in eastern district (first class)

然后在西部地区样本中随机选择样本数据48份，样本数与指标数之比为8:1，同样对知识内隐化测度模型进行验证性因子分析，验证结果显示，西部地区样本知识内隐化测度量表验证性因子分析结构模型图与东部地区的结构模型图在结构上具有高度的一致性，仅在因子负荷系数上存在较弱的差异，故而从略，不再于书中注明。

东部地区样本与西部地区样本知识内隐化测度量表收效效度检验表如表6-17所示。

表6-17 知识内隐化测度量表收敛效度检验（一级验证性因子分析）

Table 6-17 Valid certification on measure table of internalization (first class certification factor analysis)

问项	东部地区样本负荷值（N=161）				西部地区样本负荷值（N=150）			
	IF1	IF2	SE	t值	IF1	IF2	SE	t值
1级								
I1	0.79		0.21	3.89	0.81		0.32	2.65
I6	0.71		0.17	4.65	0.74		0.19	3.77
I9	0.64		0.26	2.43	0.67		0.22	3.02
I2		0.65	0.32	4.04		0.68	0.26	2.41
I3		0.82	0.31	2.67		0.77	0.25	3.11
I7		0.73	0.12	6.10		0.91	0.35	2.67
Φ	IF1	IF2	t值		IF1	IF2	t值	
IF1	1.00				1.00			
IF2	0.78	1.00	4.16		0.75	1.00	3.22	

东部地区：Chi-Square = 15.17，df = 8，P-value = 0.07101，RMSEA = 0.077

西部地区：Chi-Square = 12.58，df = 8，P-value = 0.08172，RMSEA = 0.061

由知识内隐化测度量表一级验证性因子分析结果可知，模型具有较好的收敛效度。由于两个潜变量之间具有较高的相关系数（0.78），且 t 值达到了显著性水平（2.0），说明这两个因子之间还存在更高级的联系，因此有必要进行二级验证性因子分析。

企业知识转化与核心能力形成的相关性研究

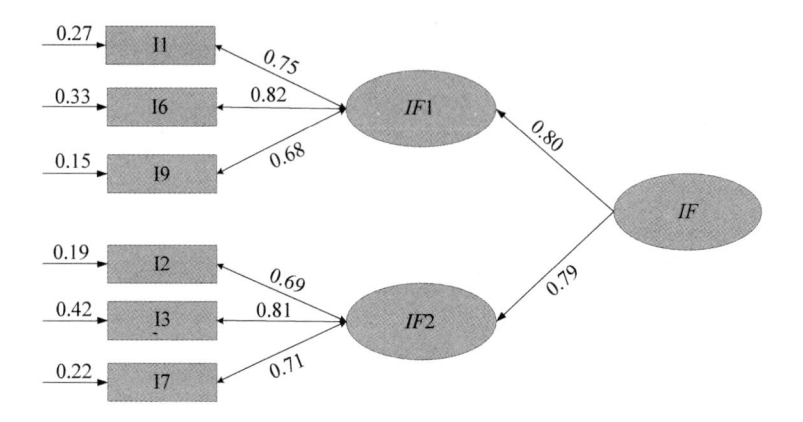

```
0.27 → I1  0.75 ↘
0.33 → I6  0.82 → IF1
0.15 → I9  0.68 ↗       0.80 ↘
                                IF
0.19 → I2  0.69 ↘       0.79 ↗
0.42 → I3  0.81 → IF2
0.22 → I7  0.71 ↗
```

图 6 – 11　东部地区样本知识内隐化测度量表验证性因子分析结构模型（二级）

Fig. 6 – 11　Structure model of CFA on internalization in eastern district (second class)

同时得知识内隐化测度量表收效效度检验表如表 6 – 18 所示。

表 6 – 18　知识内隐化测度量表收敛效度检验（二级验证性因子分析）

Table 6 – 18　Valid certification on measure table of internalization (second class certification factor analysis)

问项	东部地区样本负荷值（N = 161）				西部地区样本负荷值（N = 150）			
	IF1	IF2	SE	t 值	IF1	IF2	SE	t 值
1 级								
I1	0.75		0.26	2.88	0.77		0.16	4.91
I6	0.82		0.25	3.26	0.81		0.25	3.64
I9	0.68		0.31	2.23	0.92		0.27	3.79
I2		0.69	0.21	3.38		0.63	0.31	2.07
I3		0.81	0.17	4.85		0.76	0.27	2.54
I7		0.71	0.15	4.77		0.88	0.21	4.19
2 级	对 IF 负荷值（东部）		t 值		对 IF 负荷值（西部）		t 值	
IF1	0.68		4.14		0.82		2.99	
IF2	0.78		3.02		0.70		5.81	

东部地区：Chi-Square = 12.23，df = 7，P-value = 0.09190，RMSEA = 0.031

西部地区：Chi-Square = 11.75，df = 7，P-value = 0.19685，RMSEA = 0.049

由二级验证性因子分析的结果可知，模型总体拟合较好，因此，知识内隐化测度量表具有较高的收敛效度。

6.4 核心能力形成量表的检验与修正

核心能力形成量表的修正同样包括问卷前测、问卷试测、数据收集、单构面尺度检验、信度检验与收敛效度检验6个环节，从而实现了核心能力形成量表的修正。各个环节的功能、方法与验证工具与知识转化量表的相同。

6.4.1 问卷前测

企业核心能力形成问卷前测分三个阶段进行：（1）在中国矿业大学（北京）管理学院进行问卷前测。具体过程是：2017年5月16日，在管理学院和资源学院选取3名具有长时间企业工作经验的学生，用10分钟时间向他们描述了问卷前测的背景和目的，然后填写问卷测试内容。填写结束后，根据填写结果与3名被测试者逐项讨论题项的语义表述情况。这次前测发现的问题较多，对A2、A4、T3、T4、M1、C1、C2、C3题项的语义表述进行了调整。（2）在东部地区进行问卷前测。具体过程是：在苏州科技大学陈三毛教授的协助下，聘请了苏州工业园区5名企业高级管理人员，于2017年5月28日在苏州科技学院公共管理系进行样本前测。前测过程中对A2、M2、C2、C3、C4的题项设计提出了修改意见。（3）在西部地区进行问卷前测。具体过程是：在云南大学经济学院张天龙副教授的协助下，聘请了昆明市3名企业高级管理人员，于2017年5月31日在云南大学经济学院进行了问卷前测。前测过程对A2、T2、T3、C3、C4的题项设计提出了修改意见。

综合三次前测的结果，对问卷的题项进行了整体调整。调整内容主要在核心整合能力形成的若干题项设计上进行。

6.4.2 问卷试测

企业核心能力形成问卷试测分两个阶段进行：（1）东部地区的样本试测：在江苏大学李明星副教授的协助下，于2017年6月13日在江苏大学对该学院2016级EMBA班的22名学员进行试测，收回问卷22份。学员们都能够进行认真填写，并且积极主动地对问卷内容提出了改进意见。本研究对这22份问卷进行了初步信度分析，得到问卷中各变量Cronbach's α值分布在0.7612—0.9515。（2）西部地区样本试测：在云南大学俞佳泉副教授的协助之下，于2017年6月21日在云南大学对该院2015级EMBA班的23名学员进行问卷试测，收回问卷23份。学员们认真填写了问卷，然后就问卷内容进行了20分钟的讨论，最后将整理后的反馈内容交回。本研究对这23份问卷进行了初步信度分析，得到问卷中各变量Cronbach's α值分布在0.7710—0.9344。

由以上的试测内容和试测结果可以判断：本研究的核心能力形成测试问卷具有足够的信度。

6.4.3 数据收集

本书在数据收集时，核心能力形成测度指标的数据收集与知识转化测度指标的数据收集采取同步进行的方法，一般在实施知识转化测度指标的数据收集之后，在相同的环境下进行核心能力形成测度指标的数据收集工作。

同样，核心能力形成测度量表共获取原始数据379份，其中东部地区样本201份，西部地区样本178份，原始样本的结构特征与知识转化的原始样本结构特征相同。

在知识转化测度样本整理之后，共得有效样本311份，其中东部地区样本161份，西部地区样本150份。本研究拟从核心能力形成测度的总样本中抽取与知识转化量表测度相应的311份样本进行数据检验。因为，在样本数据收集过程中发现，核心能力形成测度调查问卷的数据质量远高于知识转化测度问卷的数据质量，主要由于被调查企业的被调查人员对企业核心能力的要素都具有较深刻的认识与理解。

6.4.4 单构面尺度检验

同样，对核心能力形成量表进行单构面尺度检验之前，首先对东、西部样本数据分别实行KMO检验和Bartlett检验，检验结果如表6-19所示。

表6-19 核心能力形成测度量表KMO检验和Bartlett检验
Table 6-19 KMO and Bartlett certification on core competence formation

指标值		东部地区样本	西部地区样本
Kaiser-Merer-Olkin 值		0.820	0.851
Bartlett 球形检验	近似卡方值	436.38	209.01
	自由度	46	46
	显著性	0.000	0.000

根据KMO检验和Bartlett检验的结果，可以对核心能力形成测度量表理论体系进行探索性因子分析，检验结果如表6-20所示。

表6-20 核心能力形成测度量表探索性因子分析结果
Table 6-20 Explore factor analysis on measure table about formation of core competence

问项	因子负荷值（东部地区）				因子负荷值（西部地区）			
	因子1 AF	因子2 TF	因子3 MF	因子4 CF	因子1 AF	因子2 TF	因子3 MF	因子4 CF
A1	0.806	0.239	0.344	0.204	0.925	0.115	0.343	0.411
A2	0.755	0.198	0.120	0.297	0.812	0.120	0.344	0.470
A3	0.722	0.265	0.115	0.458	0.853	0.119	0.358	0.184
A4	0.686	0.343	0.120	0.412	0.796	0.302	0.359	0.275

续表

问项	因子负荷值（东部地区）				因子负荷值（西部地区）			
	因子1 AF	因子2 TF	因子3 MF	因子4 CF	因子1 AF	因子2 TF	因子3 MF	因子4 CF
T1	0.334	0.729	0.100	0.376	0.358	0.670	0.386	0.287
T2	0.402	0.758	0.343	0.109	0.359	0.680	0.385	0.192
T3	0.415	0.812	0.358	0.365	0.115	0.692	0.123	0.301
T4	0.499	0.909	0.457	0.432	0.343	0.705	0.328	0.451
M1	0.365	0.407	0.708	0.108	0.344	0.339	0.767	0.364
M2	0.189	0.163	0.697	0.288	0.129	0.218	0.686	0.378
M3	0.192	0.426	0.813	0.229	0.120	0.258	0.774	0.463
M4	0.227	0.374	0.652	0.279	0.385	0.278	0.412	0.371
C1	0.235	0.319	0.440	0.821	0.229	0.310	0.401	0.143
C2	0.312	0.336	0.385	0.716	0.386	0.364	0.204	0.254
C3	0.259	0.289	0.209	0.402	0.197	0.299	0.236	0.279
C4	0.177	0.476	0.345	0.221	0.180	0.178	0.486	0.301

核心能力形成测度量表共20个题项，经因子分析后，可以萃取三个因子，分别是核心管理能力形成（AF）、核心技术能力形成（TF）、核心市场能力形成（MF），与理论模型的框架结构相一致。AF因子有4个题项，两个样本因子的特征值分别为4.12和4.101，可解释方差量为31.75%和28.99%；TF因子有4个题项，两个样本因子的特征值分别为3.77和2.96，可解释方差量为29.19%和21.64%；MF因子有3个题项，两个样本因子的特征值分别为2.52和3.71，可解释方差量为22.42%和27.91%。题项C3、C4同时在两个样本中的因子负荷均小于0.5而没有通过检验，题项M4、C1、C2在西部地区样本中的因子负荷小于0.5而没有通过检验，因此将这5个题项删除，从而导致核心整合能力形成因子CF不能纳入本书模型体系之中。

6.4.5 信度检验

信度检验的实施是建立在单构面尺度检验的基础之上，在单构面尺度检验过程中被删除的因子和指标将不再纳入信度检验的范围，因此，信度检验的对象是3因子11指标的测度体系所对应的样本数据。

表 6 - 21　　　　　**核心能力形成测度量表信度分析结果**

Table 6 - 21　　Result table of credit analysis on formation of core competence

量表问项	指标（东部地区）			指标（西部地区）		
	Corrected Item-Total Correlation	Alpha If Item Deleted	Coefficient Alpha Cronbach's	Corrected Item-Total Correlation	Alpha If Item Deleted	Coefficient Alpha Cronbach's
总体量表			0.8120			0.7916
因子1			0.7168			0.8018
A1	0.4132	0.6534		0.541	0.677	
A2	0.5223	0.7802		0.554	0.704	
A3	0.6785	0.7516		0.607	0.692	
A4	0.7071	0.8180		0.718	0.733	
因子2			0.6780			0.7192
T1	0.7650	0.8120		0.693	0.819	
T2	0.6249	0.7249		0.633	0.728	
T3	0.4028	0.6188		0.741	0.775	
T4	0.7275	0.7456		0.508	0.698	
因子3			0.7919			0.6896
M1	0.5644	0.6569		0.620	0.7345	
M2	0.6128	0.7019		0.569	0.6880	
M2	0.6740	0.7201		0.6438	0.6728	

由表 6 - 21 可以看出，所有的 α 系数均达到了 0.65，且所有题项的 CITC 值均大于 0.3，因此，核心能力形成测度量表具有较好的信度。

6.4.6　收敛效度检验

本书使用 Lisrel 8.7 和 SPSS 11.5 分别基于东、西部地区样本对核心能力形成量表进行收敛效度检验，检验框架同样基于单构面尺度检验后的 3 因子 11 指标体系，得东、西部企业核心能力形成测度量表的验证性因子分析结构模型分别如图 6-12、图 6-13 所示。

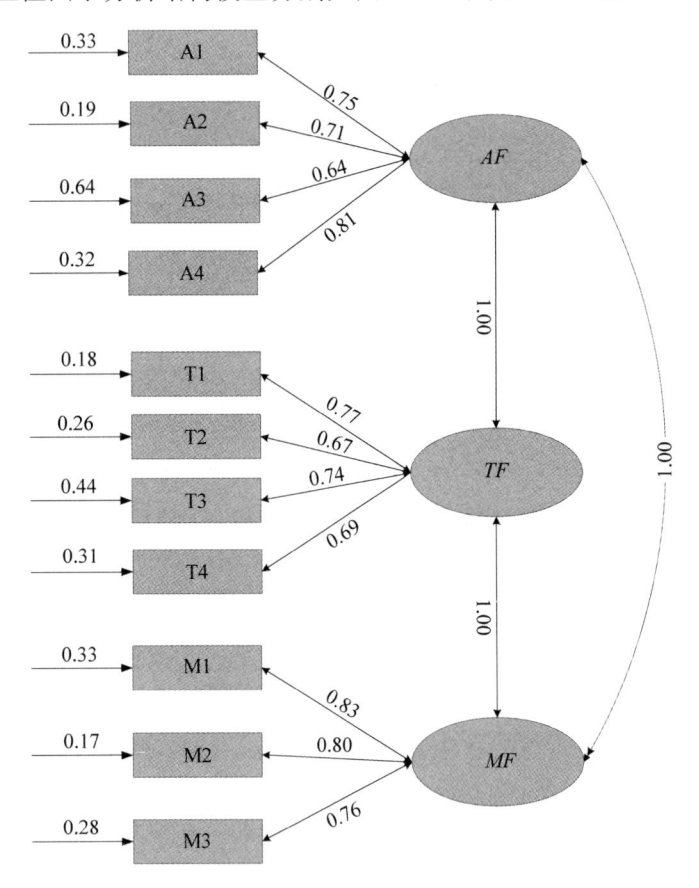

图 6-12　东部地区样本核心能力形成测度量表验证性因子分析结构模型（一级）

Fig. 6-12　Structure model of CFA on formation of core competence in eastern district (first class)

同时得东、西部地区核心能力形成测度量表收敛效度检验表如表 6-22 所示。

6 量表模型的检验与修正

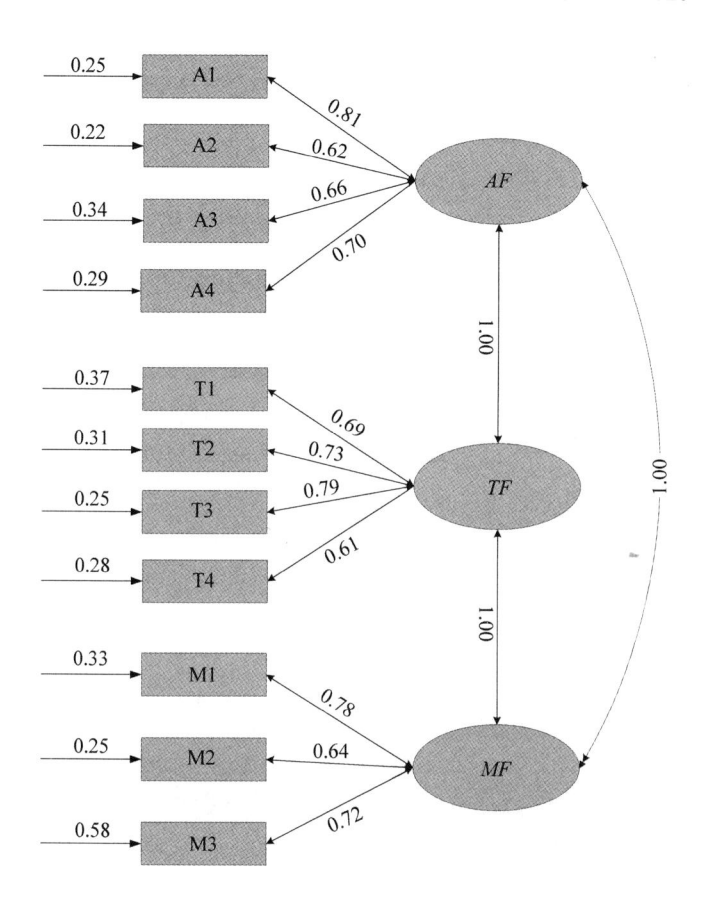

图 6 – 13　西部地区样本核心能力形成测度量表验证性因子分析结构模型（一级）

ig. 6 – 13　Structure model of CFA on formation of core competence in western district (first class)

表 6 – 22　核心能力形成测度量表收敛效度检验（一级验证性因子分析）

Table 6 – 22　Valid certification on measure table about formation of core competence (first class certification factor analysis)

问项	东部地区样本负荷值（N = 161）					西部地区样本负荷值（N = 150）				
	AF	TF	MF	SE	t 值	AF	TF	MF	SE	t 值
1 级										
A1	0.75			0.23	3.12	0.81			0.29	2.38

续表

问项	东部地区样本负荷值（N=161）					西部地区样本负荷值（N=150）				
	AF	TF	MF	SE	t值	AF	TF	MF	SE	t值
A2	0.71			0.25	2.87	0.62			0.19	3.21
A3	0.64			0.19	3.34	0.66			0.27	2.56
A4	0.81			0.16	4.78	0.70			0.10	7.08
T1		0.77		0.28	2.57		0.69		0.12	5.67
T2		0.67		0.30	2.20		0.73		0.24	3.10
T3		0.74		0.12	6.10		0.79		0.38	2.22
T4		0.69		0.11	6.11		0.61		0.30	2.10
M1			0.83	0.27	3.09			0.78	0.25	3.21
M2			0.80	0.22	3.42			0.64	0.21	3.09
M3			0.76	0.17	4.38			0.72	0.18	4.00
Φ	AF	TF	MF	最小t值		AF	TF	MF	最小t值	
AF	1.00					1.00				
TF	0.21	1.00		1.81		0.27	1.00		2.75	
MF	0.22	0.19	1.00	2.31		0.11	0.30	1.00	1.58	

东部地区：Chi-Square = 67.37，df = 41，P-value = 0.15639，RMSEA = 0.005

西部地区：Chi-Square = 76.59，df = 41，P-value = 0.17620，RMSEA = 0.022

由验证性因子分析结果可知，模型总体拟合较好，核心能力形成测度量表具有较好的收敛效度。由于潜变量之间相关系数较低，最大值为 0.30，因此，无须进行二级验证性因子分析。

6.5 修正后的量表总结

经过单构面尺度检验、信度检验和收敛效度检验等连续的因子验证，最终得到修正后的知识转化量表测度模型与核心能力形成测度模型，分别如表 6-23、表 6-24 所示。

表6-23 知识转化最终测度量表

Table 6-23 Last measure table on knowledge transition

测度问题	构面要素	保留题项
知识社会化（SF）	学习主动性（SF1）	S1、S2、S12
	学习气氛（SF2）	S3、S4、S6
	学习机制（SF3）	S5、S8、S10
知识外显化（EF）		E4、E8、E12
知识组合化（CF）	学习主动性（CF1）	C1、C5、C9
	学习气氛（CF2）	C6、C8、C12
	学习机制（CF3）	C2、C3、C7
知识内隐化（IF）	学习主动性（IF1）	I1、I6、I9
	学习气氛（IF2）	I2、I3、I7

表6-24 核心能力形成最终测度量表

Table 6-24 Last measure table on formation of core competence

测度问题	构面要素	保留题项
核心管理能力形成（AF）		A1、A2、A3、A4
核心技术能力形成（TF）		T1、T2、T3、T4
核心市场能力形成（MF）		M1、M2、M3
核心整合能力形成（CF）		—

修正后的量表具有较高的信度和效度，从而在很大程度上保证模型验证结论的可靠性，因此本书在下一章拟将修正后的量表体系纳入模型验证系统。

在知识转化测度体系中，知识社会化测度量表指标体系可以萃取3个构面要素，知识组合化测度量表指标体系可以萃取3个构面要素，知识内隐化测度量表指标体系可以萃取2个构面要素。在模型验证阶段，构面要素的量表值一般取构面所含指标的量表值的平均值的取整值。

在核心能力形成测度体系中，保留核心管理能力形成、核心技术能力形成与核心市场能力形成3个被解释变量，分别包含4个、4个、3个测度指标。理论分析过程中形成的核心整合能力因子由于没有通过单构面尺度检验而被删除，同时，核心市场能力形成因子中的产品市场份额指标（M4）也是由于没有通过单构面尺度检验而被删除。

本章小结

本章根据知识转化测度量表与核心能力形成测度量表的研究成果，并遵从量表设计的一般性方法，通过对我国企业知识转化行为与核心能力形成的实践性数据调查，对知识转化测度理论模型与核心能力形成测度理论模型进行了实证性检验，从而形成了能够科学地反映出我国企业知识转化与核心能力形成的现实性测度量表，为本书的主体模型检验提供了直接的验证工具。

7 实证研究结果及分析

实证检验的目的就是借助于修正后的知识转化量表和核心能力形成量表，应用样本数据对基于研究假设的结构方程模型进行数据检验，以验证研究假设的真伪性。

本检验分三个步骤进行，首先对总体样本进行模型检验，得到了基于总体样本的研究假设的若干结论，然后对东部地区样本进行模型检验，得到基于东部地区样本的研究假设的若干结论，最后对西部地区样本进行模型检验，得到基于西部地区样本的研究假设的若干结论。随后，在三类样本的模型检验的基础上，对研究结论进行比较分析，从而有效地揭示了我国企业知识转化行为在核心能力形成过程中的微观效应机理。

本章主体性研究内容被国家自然科学基金委管理科学部认定的管理学重要期刊《科学学研究》发表。

7.1 研究模型解析

7.1.1 外源潜变量测量方程解析

经过量表的检验与修正，知识社会化要素（SF）包含9个观察指标、知识外显化要素（EF）包含3个测度指标、知识组合化要素（CF）包含9个测度指标、知识内隐化要素（IF）包含6个测度指标。因此，根据外源潜变量测量方程的基本形式 $X = \Lambda_x \xi + \sigma$，外源潜变量的测量方程可简化如公式（7-1）所示。

$$
\begin{bmatrix} s1 \\ s2 \\ s3 \\ s4 \\ s5 \\ s6 \\ s8 \\ s10 \\ s12 \\ e4 \\ e8 \\ e12 \\ c1 \\ c2 \\ c3 \\ c5 \\ c6 \\ c7 \\ c8 \\ c9 \\ c12 \\ i1 \\ i2 \\ i3 \\ i6 \\ i7 \\ i9 \end{bmatrix}
=
\begin{bmatrix}
\Lambda x_{1,1} & 0 & 0 & 0 \\
\Lambda x_{2,1} & 0 & 0 & 0 \\
\Lambda x_{3,1} & 0 & 0 & 0 \\
\Lambda x_{4,1} & 0 & 0 & 0 \\
\Lambda x_{5,1} & 0 & 0 & 0 \\
\Lambda x_{6,1} & 0 & 0 & 0 \\
\Lambda x_{7,1} & 0 & 0 & 0 \\
\Lambda x_{8,1} & 0 & 0 & 0 \\
\Lambda x_{9,1} & 0 & 0 & 0 \\
0 & \Lambda x_{10,2} & 0 & 0 \\
0 & \Lambda x_{11,2} & 0 & 0 \\
0 & \Lambda x_{12,2} & 0 & 0 \\
0 & 0 & \Lambda x_{13,3} & 0 \\
0 & 0 & \Lambda x_{14,3} & 0 \\
0 & 0 & \Lambda x_{15,3} & 0 \\
0 & 0 & \Lambda x_{16,3} & 0 \\
0 & 0 & \Lambda x_{17,3} & 0 \\
0 & 0 & \Lambda x_{18,3} & 0 \\
0 & 0 & \Lambda x_{19,3} & 0 \\
0 & 0 & \Lambda x_{20,3} & 0 \\
0 & 0 & \Lambda x_{21,3} & 0 \\
0 & 0 & 0 & \Lambda x_{22,4} \\
0 & 0 & 0 & \Lambda x_{23,4} \\
0 & 0 & 0 & \Lambda x_{24,4} \\
0 & 0 & 0 & \Lambda x_{25,4} \\
0 & 0 & 0 & \Lambda x_{26,4} \\
0 & 0 & 0 & \Lambda x_{27,4}
\end{bmatrix}
\begin{bmatrix} SF \\ EF \\ CF \\ IF \end{bmatrix}
+
\begin{bmatrix} \sigma_1 \\ \sigma_2 \\ \sigma_3 \\ \sigma_4 \\ \sigma_5 \\ \sigma_6 \\ \sigma_7 \\ \sigma_8 \\ \sigma_9 \\ \sigma_{10} \\ \sigma_{11} \\ \sigma_{12} \\ \sigma_{13} \\ \sigma_{14} \\ \sigma_{15} \\ \sigma_{16} \\ \sigma_{17} \\ \sigma_{18} \\ \sigma_{19} \\ \sigma_{20} \\ \sigma_{21} \\ \sigma_{22} \\ \sigma_{23} \\ \sigma_{24} \\ \sigma_{25} \\ \sigma_{26} \\ \sigma_{27} \end{bmatrix}
\quad (7-1)
$$

根据探索性因子分析和验证性因子分析的结果：知识社会化（SF）萃取出三个因子$SF1$、$SF2$和$SF3$，并且均通过了一级验证性因子分析和二级验证性因子分析；知识外显化（EF）仍保留三个测度指标；知识组合化（CF）萃取出三个因子$CF1$、$CF2$和$CF3$，并且均通过了一级验证性因子分析和二级验证性因子分析；知识内隐化

（*IF*）萃取出两个因子 *IF*1 和 *IF*2，并且均通过了一级验证性因子分析和二级验证性因子分析。因此，外源潜变量的测量方程可进一步表示如公式（7-2）所示。

$$\begin{bmatrix} SF1 \\ SF2 \\ SF3 \\ e4 \\ e8 \\ e12 \\ CF1 \\ CF2 \\ CF3 \\ IF1 \\ IF2 \end{bmatrix} = \begin{bmatrix} \Lambda x_{1,1} & 0 & 0 & 0 \\ \Lambda x_{2,1} & 0 & 0 & 0 \\ \Lambda x_{3,1} & 0 & 0 & 0 \\ 0 & \Lambda x_{4,2} & 0 & 0 \\ 0 & \Lambda x_{5,2} & 0 & 0 \\ 0 & \Lambda x_{6,2} & 0 & 0 \\ 0 & 0 & \Lambda x_{7,3} & 0 \\ 0 & 0 & \Lambda x_{8,3} & 0 \\ 0 & 0 & \Lambda x_{9,3} & 0 \\ 0 & 0 & 0 & \Lambda x_{10,4} \\ 0 & 0 & 0 & \Lambda x_{11,4} \end{bmatrix} \begin{bmatrix} SF \\ EF \\ CF \\ IF \end{bmatrix} + \begin{bmatrix} \sigma_1 \\ \sigma_2 \\ \sigma_3 \\ \sigma_4 \\ \sigma_5 \\ \sigma_6 \\ \sigma_7 \\ \sigma_8 \\ \sigma_9 \\ \sigma_{10} \\ \sigma_{11} \end{bmatrix}$$

（7-2）

7.1.2 内生潜变量测量方程解析

经过量表的检验与修正，核心管理能力形成要素（*AF*）包含 4 个测度指标，核心技术能力形成要素（*TF*）包含 4 个测度指标，核心市场能力形成要素（*MF*）包含 3 个测度指标，并且这 11 个测度指标均通过一级验证性因子检验，根据内生潜变量的基本形式，$Y = \Lambda_y \eta + \varepsilon$，内生潜变量测量方程可简化如下公式（7-3）所示。

$$\begin{bmatrix} a1 \\ a2 \\ a3 \\ a4 \\ t1 \\ t2 \\ t3 \\ t4 \\ m1 \\ m2 \\ m3 \end{bmatrix} = \begin{bmatrix} \Lambda y_{1,1} & 0 & 0 \\ \Lambda y_{2,1} & 0 & 0 \\ \Lambda y_{3,1} & 0 & 0 \\ \Lambda y_{4,1} & 0 & 0 \\ 0 & \Lambda y_{5,2} & 0 \\ 0 & \Lambda y_{6,2} & 0 \\ 0 & \Lambda y_{7,2} & 0 \\ 0 & \Lambda y_{8,2} & 0 \\ 0 & 0 & \Lambda y_{9,2} \\ 0 & 0 & \Lambda y_{10,2} \\ 0 & 0 & \Lambda y_{11,2} \end{bmatrix} \begin{bmatrix} AF \\ TF \\ MF \end{bmatrix} + \begin{bmatrix} \varepsilon_1 \\ \varepsilon_2 \\ \varepsilon_3 \\ \varepsilon_4 \\ \varepsilon_5 \\ \varepsilon_6 \\ \varepsilon_7 \\ \varepsilon_8 \\ \varepsilon_9 \\ \varepsilon_{10} \\ \varepsilon_{11} \end{bmatrix}$$

（7-3）

7.1.3 结构方程解析与识别

（1）因果模型的确立

经过知识转化量表与核心能力形成量表的检验与修正，研究模型包含 4 个外源潜变量，分别是知识社会化（SF）、知识外显化（EF）、知识组合化（CF）和知识内隐化（IF），同时包含 3 个内生潜变量，分别是核心管理能力形成（AF）、核心技术能力形成（TF）和核心市场能力形成（MF），因此，根据因果模型的一般公式 $\eta = \beta\eta + \Gamma\xi + \zeta$，本书的因果模型如公式（7-4）所示。

$$\begin{bmatrix} AF \\ TF \\ MF \end{bmatrix} = \begin{bmatrix} \beta_{11} & \beta_{12} & \beta_{13} \\ \beta_{21} & \beta_{22} & \beta_{23} \\ \beta_{31} & \beta_{32} & \beta_{33} \end{bmatrix} \begin{bmatrix} AF \\ TF \\ MF \end{bmatrix} + \begin{bmatrix} \Gamma_{11} & \Gamma_{12} & \Gamma_{13} & \Gamma_{13} \\ \Gamma_{21} & \Gamma_{22} & \Gamma_{23} & \Gamma_{23} \\ \Gamma_{31} & \Gamma_{32} & \Gamma_{33} & \Gamma_{34} \end{bmatrix} \begin{bmatrix} SF \\ EF \\ CF \\ IF \end{bmatrix} + \begin{bmatrix} \zeta_1 \\ \zeta_2 \\ \zeta_3 \end{bmatrix}$$

（7-4）

根据核心能力结构理论的研究成果，基本上不存在核心能力构成要素的相关性研究，因此，这一领域的研究至少现阶段不存在较大的现实意义，因此，本书设定核心管理能力形成（AF）、核心技术能力形成（TF）和核心市场能力形成（MF）三个要素之间不存在相关性，即矩阵 β 为零矩阵，因此，本研究的结构方程可进一步表示如公式（7-5）所示。

$$\begin{bmatrix} AF \\ TF \\ MF \end{bmatrix} = \begin{bmatrix} \Gamma_{11} & \Gamma_{12} & \Gamma_{13} & \Gamma_{13} \\ \Gamma_{21} & \Gamma_{22} & \Gamma_{23} & \Gamma_{23} \\ \Gamma_{31} & \Gamma_{32} & \Gamma_{33} & \Gamma_{34} \end{bmatrix} \begin{bmatrix} SF \\ EF \\ CF \\ IF \end{bmatrix} + \begin{bmatrix} \zeta_1 \\ \zeta_2 \\ \zeta_3 \end{bmatrix}$$

（7-5）

因此，本结构方程模型包含 4 个外源变量（SF、EF、CF、IF）、11 个外源指标（$SF1$、$SF2$、$SF3$、$E4$、$E8$、$E12$、$CF1$、$CF2$、$CF3$、$IF1$、$IF2$）、3 个内生变量（AF、TF 和 MF）、11 个内生指标（$A1$ 至 $A4$、$T1$ 至 $T4$、$M1$ 至 $M3$）、12 条因果路径、6 条相关路径。在模型检验过程中，通过生成外源变量对内生变量的效应矩阵（Γ）、内生变量对内生变量的效应矩阵（β）、外源变量协方差矩阵（φ）、模型残差协方差矩阵（ψ）、外源变量因子负荷矩阵（Λx）、内生变量因子负荷矩阵（$Λy$）、外源指标的误差协方差矩阵（$Θσ$）、内生指标的误差协方差矩阵（$Θε$）、内生指标与外源指标之间的误差协方差矩阵（$Θσε$），以及各种拟合指数，最终实现对模型的验证。

对于本书而言，外源变量对内生变量的效应矩阵（$Γ$）具有重要的现实作用，通过对矩阵值及其显著性的分析，可以实现对研究假设的判断。

（2）因果模型识别准则

同验证性因子分析模型一样，因果模型目前也不存在一个充要条件进行识别判断，同样也存在一些必要条件和充分条件的识别准则有助于因果模型的识别，具体内容如表7-1所示。

表7-1　　　　　　　　因果模型的识别准则

Table 7-1　Recognization rule of SEM

识别法则	识别对象	条件要求	充分或必要条件
t—法则	模型	$t ≤ (p+q)(p+q+1)/2$ t：模型中自由参数的个数 p：模型中内生变量的个数 q：模型中外源变量的个数	必要条件
递归法则	模型	（1）$β$是严格下三角矩阵；（2）$ψ$是对角矩阵。其中：$β$是内生变量对内生变量的效应矩阵，$ψ$是结构方程残差的协方差矩阵	充分条件
零$β$法则	模型	$β=0$。其中：$β$是内生变量对内变量的效应矩阵	充分条件
非递归模型的阶条件	方程	（1）至少$p-1$个变量不在方程中；（2）$ψ$要自由估计。p：模型中内生变量的个数，$ψ$是结构方程残差的协方差矩阵	必要条件
非递归模型的秩条件	方程	（1）C的秩为$p-1$；（2）$ψ$要自由估计。其中：$C=(I-β, -Γ)$，I为单位矩阵，$β$是内生变量对内生变量的效应矩阵，$Γ$是外源变量对内生变量的效应矩阵，$ψ$是结构方程残差的协方差矩阵	充要条件

一般而言，建立因果模型时，都要考虑模型的识别问题。但是，Lisrel 8.7 软件都会对不能识别的模型给出提示信息。无论是建立模型还是修正模型，理论假设是最重要的依据。

（3）结构方程（因果模型）的识别判断

t—法则判断：因果模型中，自由参数包括 11 个内生指标因子负荷、11 个内生指标的误差方差、11 个外源指标的因子负荷、11 个外源指标的误差方差、12 条因果路径系数、6 条外源潜变量相关路径系数，因此 t 值为 62。内生指标个数和外源指标个数均为 11，因此 $(p+q)(p+q+1)/2$ 的值为 253。显然，$t \leqslant (p+q)(p+q+1)/2$，因果模型可识别的必要条件成立。

零 β 法则判断：由于本书设定核心管理能力形成（AF）、核心技术能力形成（TF）和核心市场能力形成（MF）不存在相关性，因此，内生变量对内生变量的效应矩阵为零矩阵，满足 $\beta = 0$ 条件，因果模型可识别的充分条件成立。

因此，本书的结构方程模型是可识别模型。

7.2 样本模型验证及分析

样本模型的验证分三个步骤进行：总体模型的验证、东部地区样本模型的验证和西部地区样本模型的验证，样本数据分别来源于各自的样本总体。验证过程中，设定外源变量协方差矩阵（φ）为非零矩阵，即外源变量之间存在相关性。验证方法为固定负荷法，检验工具均为 Lisrel 8.7 统计软件。在检验报告中，本书着重列出外源变量对内生变量的效应矩阵值及各种拟合指数列表，从而可以实现本书的研究目的。

7.2.1 总体样本模型检验

总体样本包括东部地区样本和西部地区样本，检验结果的模型结构参数图和模型拟合优度指标列表如图 7-1 和表 7-2 所示。

7 实证研究结果及分析

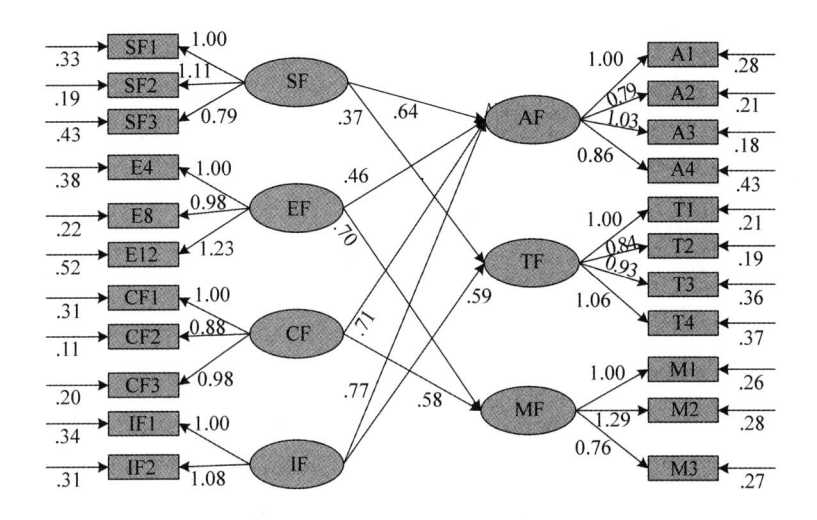

图 7－1　总体样本模型结构参数

Fig. 7－1　Model structure parameter in whole district

由总体样本模型结构参数图可以看出，12 条路径中存在 8 条系数显著路径，4 条系数非显著路径，显著系数路径的系数值在模型结构参数图中已标明，t 值均大于 2，非显著路径系数值略去，t 值均小于 2。其中，显著路径代表的假设是 H1a、H1b、H2a、H2c、H3a、H3c、H4a、H4b。

因此，就全国企业总体样本而言，在我国企业知识转化实践过程中，知识社会化与核心管理能力形成、核心技术能力形成之间存在着正向相关性，知识外显化与核心管理能力形成、核心市场能力形成之间存在正向相关性，知识组合化与核心管理能力形成、核心市场能力形成之间存在着正向相关性，知识内隐化与核心管理能力形成、核心技术能力形成之间存在着正向相关性。同时，在我国企业知识转化实践中，知识社会化与核心市场能力形成之间不存在相关性，知识外显化、知识组合化与核心技术能力形成之间不存在相关性，知识内隐化与核心市场能力形成之间不存在相关性。

根据拟合优度指标列表可知，总体样本的模型拟合度较好。所以，根据知识转化与核心能力形成的相关性验证结果可知，我国企业的知识社会化行为对企业的管理能力和技术能力的形成存在着显著的促进作用,而对企业市场能力的形成缺乏有效的促进功能;知识外显化对我国企业的管理能力和市场能力的形成存在着显著的促进作用,而对企业技术能力的形成缺乏有效的促进功能;知识组合化对企业的管理能力和市场能力的形成存在着显著的促进作用,而对企业技术能力的形成缺乏有效的促进功能;知识内隐化对企业的管理能力和技术能力的形成存在着显著的促进作用,而对企业市场能力的形成缺乏有效的促进功能。

在总体样本检验过程中,设定外源变量之间存在相关性,由外源变量协方差矩阵可知:知识社会化(SF)与知识外显化(EF)的相关系数为 0.33,知识社会化(SF)与知识内隐化(IF)的相关系数为 0.26,知识外显化(EF)与知识内隐化(IF)的相关系数为 0.29,且 t 值均大于 2,因此这三个相关系数均具有显著性。而知识社会化(SF)、知识外显化(EF)和知识内隐化(IF)三种知识转化与知识组合化(CF)之间的相关系数均缺乏显著性。

表 7-2 **总体样本模型拟合优度指标**

Table 7-2 Index certification result on whole sample

绝对拟合指数	指标值	解释与说明
χ^2	322.64（$P=0.083$）	$P>0.05$、拟合较好
Degree of Freedom	188	
χ^2/df	1.712	<2、拟合较好
GFI	0.988	>0.9,并接近于 1、拟合很好
AGFI	0.927	>0.9、拟合较好
RMSEA	0.044	<0.05、拟合较好
相对拟合指数	指标值	解释与说明
NFI	0.941	>0.9、拟合较好
TLI	0.982	>0.9,并接近于 1、拟合很好
CFI	0.976	>0.9,并接近于 1、拟合很好
信息标准指数	指标值	解释与说明

续表

绝对拟合指数	指标值	解释与说明
AIC	371.365	值较小、拟合较好
CAIC	1102.466	值较小、拟合较好
ECVI	0.890	值较小、拟合较好

7.2.2 东部地区样本模型检验

东部地区样本数与指标数之比为 7.32∶1，满足结构方程验证的基本条件，分别得东部地区样本检验的模型结构参数图和模型拟合优度指标列表如图 7－2 和表 7－3 所示。

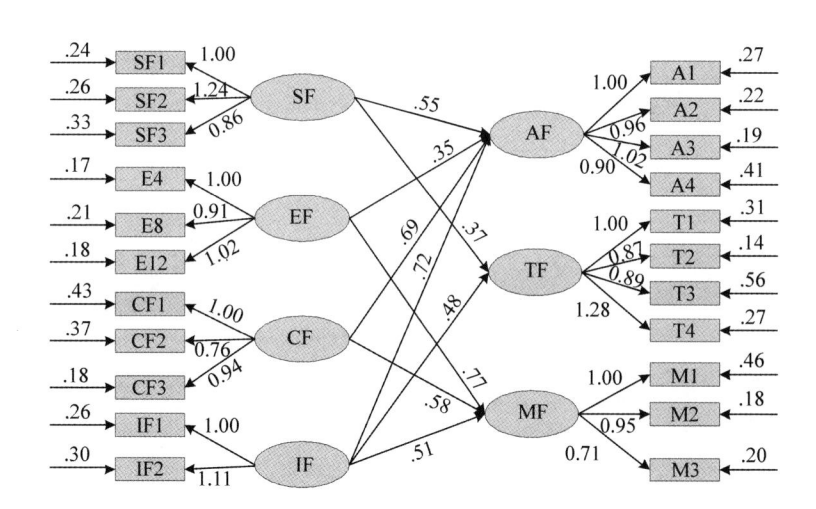

图 7－2 东部地区模型结构参数

Fig. 7－2 Model structure parameter in eastern district

由东部地区样本模型结构参数图可以看出，12 条路径中存在 9 条系数显著路径，3 条系数非显著路径，显著系数路径的系数值在模型结构参数图中已标明，t 值均大于 2，非显著路径系数值略去，t 值均小于 2。其中，显著路径代表的假设是 H1a、H1b、H2a、H2c、H3a、H3c、H4a、H4b、H4c。

表7-3 东部地区模型拟合优度指标

Table 7-3　Index certification result on eastern sample

绝对拟合指数	指标值	解释与说明
χ^2	234.12 ($P=0.072$)	$P>0.05$、拟合较好
Degree of Freedom	188	
χ^2/df	1.245	<2、拟合较好
GFI	0.932	>0.9、拟合较好
AGFI	0.982	>0.9，并接近于1、拟合很好
RMSEA	0.035	<0.05、拟合较好
相对拟合指数	指标值	解释与说明
NFI	0.980	>0.9，并接近于1、拟合很好
TLI	0.929	>0.9、拟合较好
CFI	0.907	>0.9、拟合较好
信息标准指数	指标值	解释与说明
AIC	313.371	值较小、拟合较好
CAIC	1002.320	值较小、拟合较好
ECVI	0.698	值较小、拟合较好

因此，就东部企业样本总体而言，在我国东部企业知识转化实践过程中，知识社会化与核心管理能力形成、核心技术能力形成之间存在着正向相关性，知识外显化与核心管理能力形成、核心市场能力形成之间存在正向相关性，知识组合化与核心管理能力形成、核心市场能力形成之间存在着正向相关性，知识内隐化与核心管理能力形成、核心技术能力形成、核心市场能力形成之间存在着正向相关性。同时，在我国东部企业知识转化实践中，知识社会化与核心市场能力形成之间不存在相关性，知识外显化、知识组合化与核心技术能力形成之间不存在相关性。

根据拟合优度指标列表可知，东部地区样本的模型拟合度较好。所以，根据东部地区企业知识转化与核心能力形成的相关性验证结果可知，东部地区企业的知识社会化行为对企业的管理能力和技术能力的形成存在着显著的促进作用，而对企业市场能力的形成缺乏有效的促进功能；知识外显化对企业的管理能力和市场能力的形成存在着显著的促进作用，而对企业技术能力的形成缺乏有效的促进功能；知识组合化对企业的管理能力和市场能力的形成存在着显著的促进作用，而对企业技术能力的形成缺乏有效的促进功能；知识内隐化对企业的管理能力、技术能力和市场能力的形成均存在着显著的促进作用。

同样，在东部地区样本检验过程中，设定外源变量之间存在相关性，由外源变量协方差矩阵可知：知识社会化（SF）与知识外显化（EF）的相关系数为 0.28，知识社会化（SF）与知识内隐化（IF）的相关系数为 0.31，知识外显化（EF）与知识内隐化（IF）的相关系数为 0.38，知识组合化（CF）与知识内隐化（IF）的相关系数为 0.33，且 t 值均大于 2，因此这四个相关系数值均具有显著性，而知识社会化（SF）与知识组合化（CF）、知识组合化（CF）与知识外显化（EF）之间的相关系数缺乏显著性。

7.2.3 西部地区样本模型检验

西部地区样本数与指标数之比为 6.82∶1，满足结构方程验证的基本条件，分别得西部地区样本检验的模型结构参数图和模型拟合优度指标列表如图 7-3 和表 7-4 所示。

由西部地区样本模型结构参数图可以看出，12 条路径中存在 7 条系数显著路径，5 条系数非显著路径，显著系数路径的系数值在模型结构参数图中已标明，t 值均大于 2，非显著路径系数值略去，t 值均小于 2。其中，显著路径代表的假设是 H1a、H1b、H2a、H3a、H3c、H4a、H4b。

因此，就西部地区企业样本总体而言，在我国西部企业知识转化实践过程中，知识社会化与核心管理能力形成、核心技术能力形成之间存在着正向相关性，知识外显化与核心管理能力形成之间存在正向相关性，知识组合化与核心管理能力形成、核心市场能力形成之间存

企业知识转化与核心能力形成的相关性研究

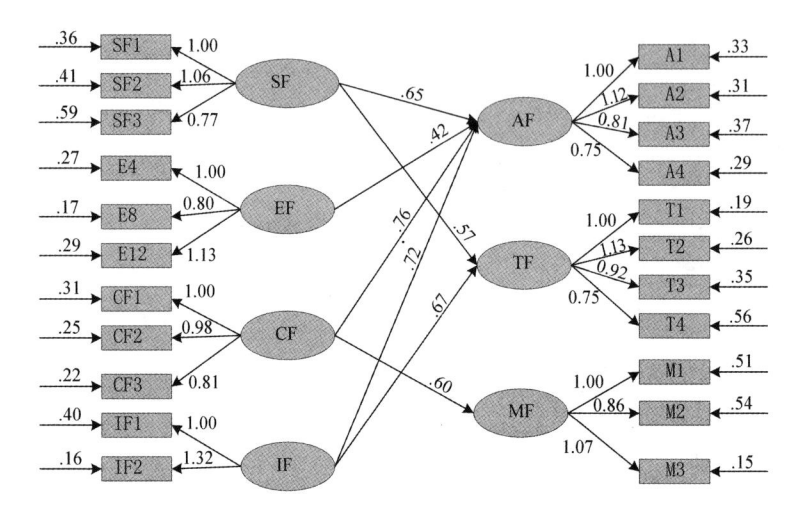

图 7-3 西部地区模型结构参数

Fig. 7-3 Model structure parameter in western district

在着正向相关性,知识内隐化与核心管理能力形成、核心技术能力形成之间存在着正向相关性。同时,在我国西部企业知识转化实践中,知识社会化与核心市场能力形成之间不存在相关性,知识外显化与核心技术能力形成、核心市场能力形成之间不存在相关性,知识组合化与核心技术能力形成之间不存在相关性,知识内隐化与核心市场能力形成之间不存在相关性。

根据拟合优度指标列表可知,西部地区样本的模型拟合度较好。所以,从我国西部企业知识转化与核心能力形成相关性的验证结果可知,西部地区企业的知识社会化行为对企业的管理能力和技术能力的形成存在着显著的促进作用,而对企业市场能力的形成缺乏有效的促进功能;知识外显化对企业的管理能力的形成存在着显著的促进作用,而对企业技术能力和市场能力的形成缺乏有效的促进功能;知识组合化对企业的管理能力和市场能力的形成存在着显著的促进作用,而对企业技术能力的形成缺乏有效的促进功能;知识内隐化对企业的管理能力和技术能力的形成存在着显著的促进作用,而对企业市场能力的形成缺乏有效的促进功能。

最后，在西部地区样本检验过程中，仍然设定外源变量之间存在相关性，由外源变量协方差矩阵可知：知识社会化（SF）与知识外显化（EF）的相关系数为0.19，知识社会化（SF）与知识内隐化（IF）的相关系数为0.37，知识外显化（EF）与知识内隐化（IF）的相关系数为0.27，知识组合化与知识外显化的相关系数为0.41，知识组合化（CF）与知识内隐化（IF）的相关系数为0.18，且 t 值均大于2，因此这五个相关系数值均具有显著性，而知识社会化（SF）与知识组合化（CF）相关路径系数值缺乏显著性。

表7-4　　　　　　　　西部地区模型拟合优度指标

Table 7-4　　Index certification result on western sample

绝对拟合指数	指标值	解释与说明
χ^2	256.43（$P=0.063$）	$P>0.05$、拟合较好
Degree of Freedom	188	
χ^2/df	1.362	<2、拟合较好
GFI	0.910	>0.9、拟合较好
$AGFI$	0.977	>0.9，并接近于1、拟合很好
$RMSEA$	0.043	<0.05、拟合较好
相对拟合指数	指标值	解释与说明
NFI	0.925	>0.9、拟合较好
TLI	0.996	>0.9，并接近于1、拟合很好
CFI	0.932	>0.9、拟合较好
信息标准指数	指标值	解释与说明
AIC	297.124	值较小、拟合较好
$CAIC$	874.315	值较小、拟合较好
$ECVI$	0.721	值较小、拟合较好

7.2.4　验证结果分析

根据总样本、东部地区样本、西部地区样本结构方程模型检验的拟合指数列表（见表7-2、表7-3和表7-4）可知，模型的检验效果均较好，样本检验获得了较大的成功，从而验证了我国企业的知识转化行为已经显著地促进了我国企业核心能力形成的事实的存在。

根据模型结构参数图（见图7-1、图7-2和图7-3）可知，知识社会化、知识外显化、知识组合化和知识内隐化行为分别对我国企业的核心管理能力形成、核心技术能力形成和核心市场能力形成存在着显著的促进功能。也可以说，我国企业核心管理能力的形成、核心技术能力的形成与核心市场能力的形成在一定程度上分别源于知识社会化、知识外显化、知识组合化与知识内隐化的促进作用。但是，由于若干路径系数的非显著性的存在，表明我国企业知识转化对核心能力形成的激励功能还存在较大的拓展空间，有待进一步提高和完善。

因此，根据总体样本、东部地区样本与西部地区样本的验证结果，可以分别从核心能力培育、知识转化的功能激励和知识转化的功能缺失三个视角进行理论分析。

（1）基于核心能力培育视角的验证结果分析

检验结果从知识转化的视角为我国企业核心能力的培育提供了最微观层面的实践指导。虽然验证的结果是基于我国东、西部311个企业样本而生成，包括16个行业样本，但是，在现实的经济发展过程中，我国企业仍然基于相同或相似的外部环境，企业的发展过程具有一定的共性，遵循着一定的客观发展规律。同样，在知识转化行为与核心能力培育战略中，这种规律的客观性依然存在。因此，基于宏观层面的验证结论对企业微观层面的管理实践具有现实性的指导作用。

根据核心能力的内涵，企业的核心能力是一个"合力"，是各种企业能力要素相互协调的结果，其中的一项或几项强势能力的突出性作用就为核心能力的成功培育创造了条件。因此，在企业核心能力培育过程中，根据中外企业的成功经验，并不需要把所有的企业能力，如生产能力、市场能力、技术开发能力、内部管理能力等，都培育成强势的企业能力，这不仅会造成企业资源投入的过度消耗，而且对大多数企业也无法实现。

因此，企业核心能力培育的最合理的策略是，根据企业发展的现实性需要，通过对企业内外部经营环境的分析，最终选择一项或几项核心能力要素作为重点培育对象，从而形成一项或几项强势企业能力，最终通过这一项或几项强势能力的形成而实现核心能力的培育。在现实经济发展过程中，企业的内部运作状况存在着较大的差异性，有的企业缺乏核心市场竞争能力，而有的企业缺乏核心技术能力，如此等等，需要企业决策层综合考虑各种因素而审时度势地选择。

验证结果可以为我国企业核心能力培育战略的实施提供清晰的思路。由于我国企业知识转化行为同样存在着一定的共性，因此，企业在某一项核心能力要素培育过程中，应优先选择已经存在显著性系数的路径，即优先选择已经对该种核心能力的形成产生现实性促进作用的知识转化行为，避开目前仍然没有对该种核心能力培育起作用的知识转化行为，这样才能取得最大的培育效果。如果某种知识转化对某种核心能力已经产生现实性的促进作用，说明我国企业中已经存在该种激励功能产生作用的内外部环境因素，相应的战略选择可以有效地提高知识转化的管理效应，减少该种核心能力培育过程中的阻力，从而达到事半功倍的效果。如果某种知识转化对某种核心能力培育没有发生现实性的促进作用，说明我国企业中不存在该种激励功能产生作用的内外部环境因素，某一企业的贸然实施很可能达不到预定的战略目标，反而带来严重的资源浪费。

例如，某一企业由于核心市场能力的缺乏而导致核心能力的不足，在现阶段需要大力培育核心市场能力。根据总体样本的路径系数可知，知识外显化与知识组合化对核心市场能力的形成具有显著的激励功能，路径系数分别为 0.70 和 0.58，知识外显化的激励功能要高于知识组合化的激励功能。由此可知，企业现阶段的知识转化战略选择是增强知识外显化与知识组合化的效率。

知识管理与企业的传统职能管理是同一事物的两个方面，即知识管理行为可以通过各种职能管理的形式反映出来。知识转化可以反映在企业的人力资源管理、信息系统管理、技术开发管理、内部控制管理、市场营销管理等多个方面。对一个企业来说，它非常清楚能够促进知识外显化与知识组合化的职能管理的详细内容，因此可以从这些内容中选择与市场能力形成相关的职能管理行为，并大力推广和实施，从而实现核心市场能力的培育目标。

一般而言，基于核心市场能力培育的知识外显化行为有：鼓励优秀营销人员将自己的销售经验以庆功会、报告会的形式向全体营销人员传播，并整理成书面资料以供其他营销人员随时参阅；营销部门的领导成员经常集体地进行市场分析、预测和定位，并将讨论意见进行详细的整理，以指导营销人员的行动。

同样，一般而言，基于核心市场能力培育的知识组合化行为有：充分发挥 CRM 的作用，对销售数据进行科学的分类和整理，提高数据的应用价值；以各种形式组织营销人员进行集体聚会，加强营销人员之间的信息沟通；营销部门能够将重大的销售战略决议快速地传达到各级营销人员，使所有销售人员能够明确并支持公司的销售战略调整；营销部门加强对各个销售片区的销售资料的收集；营销部门提高对营销人员的通信费用的补助。

当然，企业在具体实施知识外显化和知识组合化行为时，应根据自己企业资源要素的组合特征而选择，不能拘泥于固定的模式。

（2）基于功能激励视角的验证结果分析

根据总体样本的验证结果，我国企业的知识转化对核心能力形成已经存在一定的激励功能。因此，我国企业应该充分发挥知识转化的功能和潜力，大力提高核心能力的水平。在为数众多的知识管理活动中，知识转化的重要性被人们认识和重视是一个逐步实现的过程。特别在我国企业，许多企业对知识转化的认识仅停留在一种模糊性的认识阶段，似乎承认知识转化在各种知识管理活动中的重要性，但对知识转化的实施缺乏实际的行动。我国企业知识转化对核心能力形成的功能激励效应的存在，对我国企业知识转化的实施与发展具有重要的现实意义：

第一，功能激励的现实性一方面证实了我国企业知识管理效应的存在，另一方面也证实了知识转化在我国企业知识管理中的重要地位，揭开了知识转化研究的"黑箱"，将知识管理的实证性研究又向前推进了一步。

第二，功能激励的现实性从最微观的角度解析了我国企业知识转化在核心能力形成过程中的功能性作用，从而使基于知识转化视角的核心能力研究具有更高的科学性，因为在本书中，知识转化体系的设计是基于知识转化最微观的转化单位——核转化元而实现的。

第三，功能激励的现实性提高了我国企业对知识转化的现实性认识。因为在许多管理者的心目中，知识管理是一个抽象的概念，处于一种可望不可即的状态。事实上，知识管理融合于企业的各种管理行为之中。从本书的知识转化量表测度的内容可以看出，每个知识转化的微观过程都可以追溯到某一个具体的职能管理行为。对一个企业的所有管理行为而言，从一个角度分析可分为人力资源管理、组织结构优化、信息系统管理、销售管理、市场管理、生产管理等职能管理，但从知识转化的视角来分析，又可分为知识社会化、知识外显化、知识组合化和知识内隐化四种形式，而分析的对象仍属于同一个事物——企业的管理行为的集合。

第四，功能激励的现实性澄清了我国企业实践界对知识管理的误解，提高了实施知识管理的积极性和主动性。样本数据调查过程中，随着对企业知识管理活动了解的深入，笔者发现，我国许多企业并不了解知识管理，也没有有意识地去积极实施知识管理，尽管在这样的企业中也存在大量知识管理行为，甚至某一项对企业具有重要影响的职能管理行为正好是典型的知识管理行为。尽管在样本检验过程中，笔者将知识管理或知识转化特征较弱的样本一律删除，以保证检验效果的显著性。但是，如果这些企业能够认识到知识转化的重要性，认真地思考和接受这种前沿性的管理思想和管理理念，积极地实施知识转化策略，将知识转化与企业的各种职能管理活动融于一体，设立专职的知识管理主管人员和机构，在全公司范围内推行知识转化行为，则完全可能使企业经营绩效迈上一个新的台阶。

第五，功能激励的现实性给我国企业知识管理的开展提供了科学的选择方法。知识管理是一个庞大的体系，存在着各种知识管理行为，而很多企业在实施知识管理时处于一种很迷茫的状态，不能够准确地判断和选择对哪一种知识管理行为进行突破性的实施。根据本检验的结果，知识转化的实施是大多数企业最明智的选择。当然，知识转化活动也要依存于知识收集、知识传输、知识分类等初级知识活动，但是，企业在实施知识管理时要有轻重缓急之分，要能够在恰当的时机将知识管理的重心转移到知识转化上来。

过去一段时间，在企业信息系统应用逐步完善的阶段，许多企业热衷于知识的获取和储存，继而，随着数据库运用的成熟和数据挖掘技术的深入，许多企业热衷于知识的分类和过滤。这些都属于知识管理初级阶段的行为，虽然是知识管理过程的一个必经之路，但是在这些初级知识管理行为上盲目投入大量的资金和人力，已经无法形成显著的管理效应。原因很简单，知识转化的缺乏，将使企业的静态知识资本犹如一汪死水，渐渐失去生机和活力，继而失去其存在价值。对于企业而言，对核心能力形成和企业绩效改进具有实质性作用的是隐性知识，并且隐性知识具有极强的自我复制、自我成长、自我创新能力，是企业核心能力的根本性命脉，而企业在初级知识管理阶段，所获取、储存和收藏的主体知识成分是显性知识，这些显性知识如果没有有效地实现向隐性知识的转化，对企业的长远发展根本无法起到持久性的支持功能。

在知识管理的高级发展阶段，知识共享与知识转化是分不开的，都是实现知识创新的基础。然而，有些企业大力热衷于知识共享，倡导知识创新，唯独没有将知识转化提升到应有的高度，从而导致高级阶段知识管理活动的低效或失败。完善的知识传输系统的建设和维护是当今许多企业的"壮举"，不惜耗用大量的企业财富，然而，网络传输系统只解决了知识共享问题，并不能自动地解决知识转化问题，只是使初级知识管理阶段的原始知识资本扩大了流通的范围，并不能实质性地催生企业的知识创新。

第六，功能激励的现实性可以为我国某一行业知识转化的实施和分析提供现实性的分析工具。本书的主体模型是知识转化与核心能力的相关性，使用了16个行业的样本数据进行了检验，而这种方法可以被引入某一个行业的知识转化研究之中，揭示了某一个行业的知识转化在核心能力形成过程中的作用，从而为该行业积极地实施知识转化策略、大力实施核心能力的培育提供了有效的分析方法和工具。

第七，功能激励的现实性为核心能力的知识起源理论提供了中国知识管理实践方面的证据。关于核心能力的起源，一直存在多源头之说，尽管知识资本起源论占主流地位，但企业文化起源论与企业资源起源论也并没有消失。抛开这些杂乱的纷争，至少在我国企业知识管理领域，知识转化行为对企业核心能力的形成产生了实质性的促进作用，为核心能力的知识资本起源论提供了我国的知识实践领域的证据。

第八，功能激励的现实性可以使用知识管理或知识转化理论来解释职能管理所不能解释或勉强解释的现象。

"信息化悖论"和"人力资本悖论"都是企业管理活动一种广泛存在的现象。"信息化悖论"是指随着信息技术投入的增大，企业的信息化效率并未得到相应的改进和提高，而"人力资本悖论"是指随着企业人力资本建设投入的增加（如培训投入），企业的人力资本价值并未得到有效的提高，即人均生产率并没有得到显著的改进。

从知识转化的视角来分析，信息化投入和人力资本建设投入的增加，其直接效果是增加了知识传输、知识储存、知识分类的功能，为知识转化的实施创造了条件，但知识转化行为未必一定发生。如果知识转化没有得到有效的实施，这些大量的资金投入对企业知识资本总量的增长和质量的改善并未起到实质性的促进作用，从而也就不能促进企业核心能力的形成，导致各种"悖论"的出现是顺理成章的事情。

第九，功能激励的现实性再一次打破了财务资本一统天下的"怪圈"，提高了知识资本在企业发展过程中的卓越性地位。

财务资本计量，在人类经济发展过程中发挥了巨大的作用，数百年来，这种起源于中世纪古希腊的复式资本计量方法在世界范围内得到了广泛的应用，促进了人类文明的进步和发展。然而，随着知识经济时代的来临，企业长远发展的决定性因素将逐渐让位于知识资本，而不是财务资本。虽然不能定论财务资本的计量将退出经济发展的舞台，但是，有一点可以肯定，即随着知识资本功能的日益强大，知识资本的计量将逐步得到重视，并最终成为企业资本计量的主导性方式。

无形资产的计量可以在一定程度上反映知识资本的功能，但是知识资本的内涵远比无形资产深远，况且无形资产的计量额度在会计准则中受到了严格的约束，因而不能与知识资本相提并论。人力资源会计虽然方兴未艾，但目前并未纳入财务会计核算体系，况且人力资本仅是知识资本的一个构成要素，并不能代表知识资本的全部内容。因此，知识资本的计量需要一种全新的模式，这种全新的模式将在经济社会发展过程中逐步得到完善和发展。

在实际企业运作过程中，可以见到这样的现象：两个在财务资产上相同的企业，同时投入相同的信息化、人力资本建设等具有知识管理作用的资金，但在一段时间之后，企业的发展趋势将产生差异。尽管在这个时候，企业的财务资产仍然不相上下，但由于知识资本已经产生质的差别，企业的未来发展前途已经大相径庭。知识资本较大的企业必然具有较强的市场竞争能力，从而保证了企业的持续性发展的实现，而知识资本较低的企业，由于缺少必要的市场竞争力，很可能在激烈的市场竞争中被淘汰出局。也许，在过一段时间之后，前者获得了空前的发展，无论在财务资本还是在知识资本上都得到大幅度提高，而后者却已销声匿迹。显然，这种两极分化的根本原因在于知识转化实施效率的差别，特别在高度发达的市场经济中，知识转化的神奇性作用有时远远超出人们的想象，对知识转化的漠视就预示着毁灭的到来。

总之，根据总体样本的验证结果，我国企业对知识转化的认识不能仅停留在"观念上的重视"阶段，也不能将知识收集、知识储存、知识分类等初级知识管理活动与知识转化混为一谈，更不能将知识共享误作知识转化，要切实实施和推广知识转化策略，从而大力提高企业的核心竞争能力。既然已经明确验证，我国企业的知识转化对核心能力存在着显著的促进功能，尽管这种功能目前并不完善，但毕竟为我国企业核心能力的培育提供了一条可行之路。

（3）基于功能缺失视角的验证结果分析

我国企业知识转化对核心能力形成在存在一定促进作用的同

时，也存在着局部的功能缺失，其激励功能远未达到理想状态，有待进一步开拓和深化。我国企业核心能力形成体系中的核心整合能力要素，在探索性因子分析阶段即被剔除。根据因子分析的结果，并结合我国企业知识转化与核心能力的实践性调查结果，可以显著地判断，我国企业的核心整合能力较弱，甚至可以说仍处于一种萌芽性阶段。

从我国企业知识转化的全局性功能来分析，知识转化的各个阶段对核心能力形成各个要素的促进作用缺乏均衡性。知识转化的各阶段对核心管理能力形成均存在显著的促进作用，对核心市场能力的形成和核心技术能力的形成均存在局部的促进作用，存在着一定的功能缺失。因此，对于我国企业知识转化战略的实施而言，首先，我国企业可以充分发挥知识社会化的优势作用，持续地提高我国企业的核心管理能力；其次，我国企业可以努力提高知识外显化和组合化的效率，寻找知识外显化和组合化过程中的不足，充分挖掘知识外显化和组合化的潜力，以提高我国企业的核心技术能力；最后，我国企业可以通过努力提高知识社会化和知识内隐化的效率，寻找知识社会化与组合化的不足，充分挖掘知识社会化与组合化的潜力，以提高我国企业的核心市场能力。

同样，导致知识转化功能缺失的非显著路径系数的存在同样具有较高的现实意义，对我国企业知识管理的深入开展具有现实性的指导作用：

首先，我国企业可以有目标地实施知识转化战略，有选择地优先培育企业的核心能力要素，避免了知识转化实施的盲目性。

企业核心能力的培育是一个渐进的过程，企业可以根据现实性的需要，优先发展对企业的现实发展具有重要影响的核心能力要素，从而最大程度地提高企业的运作效率。因此，核心能力要素的培育是随着企业的内外部环境的变化而不断调整的，不存在故步自封的定式。根据总体模型的验证结果，我国企业在核心能力培育战略过程中可以有的放矢地实施知识转化策略，在不同的时期并根据企业发展的不同需要而有选择地实施知识社会化、外显化、组合化和内隐化等知识管理行为，从而满足了我国企业不同阶段、不同层次的核心能力培育的战略需要，避免了知识转化过程中的盲目性，能够有效地杜绝或减少"信息化悖论"之类的管理策略的失败。

由于知识管理近年来在我国企业界普遍兴起，大部分企业也逐步认识到了知识转化的重要性。但是在知识转化实施过程中，很多企业无法判断具体的知识转化行为能够显著地对何种核心能力要素具有促进作用、对何种核心能力要素的促进作用还存在着较大的挖掘潜力，以及对何种核心能力要素的促进功能已临近饱和状态。而根据总体样本验证的非显著性路径系数，这些企业可以明智地选择具体的知识转化策略，优先在资金与人力上重点支持最重要的知识转化策略，积极为这种急迫性的知识转化策略的发展创造有利的支持条件。

其次，非显著路径系数的存在也可以对初步实施知识转化战略的企业具有重要的启示。正如前文所强调，一种或几种优势能力就有可能形成企业的核心能力，并不一定需要在所有的核心能力要素上都取得绝对领先地位。由此可见，对于处于知识管理初级阶段的企业而言，核心能力的培育并不需要在所有的核心能力要素上齐头并进，明智的做法是，选取一个或两个合适的核心能力要素先行突破，优先培育这些核心能力要素，也完全可以形成自己的核心能力。因此，这些新兴知识管理企业可以充分借鉴其他企业知识转化的成功经验，解析其知识转化在核心能力形成过程中的微观路径效应，从而对知识转化阶段性策略进行准确的定位，避免人云亦云、盲目仿照、虎头蛇尾的不利局面的出现，从而完全有可能后来居上，实现跨越式的发展。

7.3 结构方程模型参数比较分析

将总体样本模型检验结果、东部地区样本模型检验结果、西部地区样本模型检验结果进行对比分析，结果如表7-5所示。

表7-5　　　　　　　　　　模型参数对比分析

Table 7-5　Comparative table about total certification

原假设	总体样本模型		东部地区样本模型		西部地区样本模型	
	标准路径系数	t值	标准路径系数	t值	标准路径系数	t值
H1a	0.64	2.34	0.55	3.75	0.65	4.96
H1b	0.37	3.14	0.37	2.20	0.57	4.01
H1c	0.35	1.21	0.21	1.09	0.11	1.42
H2a	0.46	4.09	0.35	2.12	0.42	2.75
H2b	0.28	1.57	0.19	1.89	0.22	1.93
H2c	0.70	3.71	0.77	2.58	0.29	1.56
H3a	0.71	3.90	0.69	2.72	0.76	3.72
H3b	0.20	1.22	0.34	1.14	0.18	1.90
H3c	0.58	5.54	0.58	3.97	0.60	5.18
H4a	0.77	3.94	0.72	2.86	0.72	3.77
H4b	0.59	2.17	0.48	4.92	0.67	2.48
H4c	0.23	1.74	0.51	2.84	0.15	1.24

同时，由模型参数对比分析表，可以得到三个样本总体的比较检验结果，如表7-6所示。

根据三个样本总体检验结果的比较，可以深刻地揭示我国东、西部企业知识转化效应的现实性差距，为西部地区企业进一步实施知识转化战略，从而大力提高核心能力提供了现实性的理论指导。

首先，通过东部地区样本与总体样本检验结果的比较可知，与全国范围内知识转化的平均效应相比，东部地区企业的知识转化效应主要超前在知识内隐化阶段，即知识资本从显性知识向隐性知识的转化在东部企业得到了有效的实施，并取得了卓著的成效。Nonaka在总结了20世纪末期日本企业知识转化经验并提出了SECI知识转化模型时，曾非常强调知识内隐化的作用，如今，在十年后的今天，这种"奇特"的作用又在我国东部地区企业中出现，说明知识转化的实施随着经济规模的膨胀和经济水平的提高，具有一定的规律可循。如何充分借鉴和利用这条规律，是我国企业，包括中部和西部企业的一个重要的战略决策。

知识内隐化,就是显性知识向隐性知识转化的过程,是 SECI 模型中的第四个阶段,它的功能可以反映在企业的各种常规性的职能管理之中,在这些具有内隐化特征的管理活动中,东部地区企业存在着许多独特之处。例如,在人力资源管理上,东部地区企业虽然存在着较大的人才流动,但大多数企业都擅长将企业人员的"才"留下,即在员工工作期间,将员工的规范性或标准化的特殊技能进行有效的整理,尽力扩大在企业内部的影响效应,即使在员工离职之后,其特殊的才能仍然留在企业中,成为企业的一种无形的标准、风尚和文化,从而顺利实现了个人的显性知识到个人、团队、企业隐性知识的内隐化过程。

表 7-6　　　　　　　　　　**模型检验比较结果**

Table 7-6　　model certification result

假设名称	路径表示	假设内容	检验结果		
			总样本	东部样本	西部样本
H1a	$\xi_1 \to \eta_1$	知识社会化→核心管理能力形成	支持	支持	支持
H1b	$\xi_1 \to \eta_2$	知识社会化→核心技术能力形成	支持	支持	支持
H1c	$\xi_1 \to \eta_3$	知识社会化→核心市场能力形成	不支持	不支持	不支持
H2a	$\xi_2 \to \eta_1$	知识外显化→核心管理能力形成	支持	支持	支持
H2b	$\xi_2 \to \eta_2$	知识外显化→核心技术能力形成	不支持	不支持	不支持
H2c	$\xi_2 \to \eta_3$	知识外显化→核心市场能力形成	支持	支持	不支持
H3a	$\xi_3 \to \eta_1$	知识组合化→核心管理能力形成	支持	支持	支持
H3b	$\xi_3 \to \eta_2$	知识组合化→核心技术能力形成	不支持	不支持	不支持
H3c	$\xi_3 \to \eta_3$	知识组合化→核心市场能力形成	支持	支持	支持
H4a	$\xi_4 \to \eta_1$	知识内隐化→核心管理能力形成	支持	支持	支持
H4b	$\xi_4 \to \eta_2$	知识内隐化→核心技术能力形成	支持	支持	支持
H4c	$\xi_4 \to \eta_3$	知识内隐化→核心市场能力形成	不支持	支持	不支持

其次,通过西部地区样本与总体样本检验结果的比较可知,与全国范围内知识转化的平均效应相比,西部地区企业的知识转化效应主

要滞后在知识外显化阶段，即将隐性知识转化为显性知识的过程，这是西部地区企业在知识转化过程中的一个重大不足之处，也就是说，西部地区企业没有注重对隐性知识的挖掘和开发，使之成为人们所容易接受的、易于传播的显性知识。从某些方面来看，西部地区企业也许并不缺乏具有创造价值的隐性知识，但问题是往往缺乏合理的方法或积极的意识将这些隐性知识的价值挖掘出来，从而促进各种核心能力要素的形成。例如，在高级人才管理方面，西部地区的力度要远远弱于东部地区，尽管存在着其他方面的影响因素，但在对高级人才的开发和利用方面仍存在一些问题，没有将高级人才内在的潜质发扬光大，不能及时产生辐射效应，致使这种潜在的能力在无声无息中消失。

再次，通过东部地区样本与西部地区样本检验结果的比较可知，东、西部地区知识转化效应存在着较大的差异。东部地区知识外显化与知识内隐化的效应要显著高于西部地区，这两种知识转化效应恰巧是 Nonaka 在研究 20 世纪末期日本企业知识转化行为时所强调的两种对核心能力培育具有重要影响的知识转化形式或阶段。可见，日本企业当年知识转化发展的路径痕迹在我国东、西部企业中得到了惊人地再现，又一次证明了知识转化行为存在着一定的必然性和规律性。我国东、西部地区企业发展的差别是日本经济发展过程中所不存在的，至少没有我国企业差别这样显著，但是，正是由于我国东、西部企业发展的差异性，知识转化路径发展的痕迹才会在我国企业总体发展过程中体现，对于我国实现东、西部企业的平衡发展具有较高的借鉴意义。

最后，根据以上的比较分析，我国西部地区企业在实施核心能力培育时，在策略上和步骤上都要基于一定的知识转化规律，才能取得卓著的成果。

在核心能力的培育策略上，西部地区企业一般要注意如下几个方面：第一，尽管我国东、西部企业的内外部企业环境存在一定的差异，但毕竟存在着相同的经济大环境，这种差异决不会像我国东部地区企业与日本企业的差距那么大。因此，西部地区在实施核心能力培育战略时，不能盲目冒进，全面开花，无目标的行为可能使结果适得其反，白白耗费大量的资金。第二，西部企业可以根据我国企业知识转化效应在核心能力形成上的综合性验证结果，优先培育东部地区已经存在的核心能力，认真地识别现实性的知识转化路径，循序渐进，才能取得良好的效果。第三，西部地区的核心能力培育绝对不可以实现超越性冒进。也就是说，东部地区目前在知识转化过程中还没有实现的核心能力培育功能，西部地区企业尽量不要轻易实施，否则可能会造成重大的资源损失。因为我国东、西部企业在经济发展的各个方面还毕竟存在着相同的外部环境，经济规律具有一定的现实性，盲目性的超越将是一种严重的不明智行为。

根据核心能力的培育策略，西部地区企业的核心能力培育一般要基于如下三个步骤：第一，将核心能力提高至全国平均水平。具体措施是加强知识的外显化行为，重点提高企业的核心市场能力。第二，在核心能力接近或等同于全国平均水平时，将核心能力提高至东部地区水平。具体措施是加强知识的内隐化行为，重点提高企业的核心市场能力。第三，在核心能力接近或等同于东部地区核心能力时，根据西部地区的具体特征，优先选择一条突破性路径，才能最后取得超越性的发展。

由此看出，通过知识转化的实施，西部地区企业核心能力的培育有可能实现对东部地区的追赶或超越，至少可以缩短东、西部地区企业核心能力培育的现实性差距，因为，从目前的核心能力培育战略的实施效果看来，东、西部地区已经存在差距，并且这种差距从知识转化的角度分析，体现在外显化和内隐化两个知识转化阶段，而从核心能力形成的角度分析，仅体现在核心市场能力形成的差异上。因此，并不存在本质性的差距。

Nonaka认为，东方文化与西方文化的差距影响到企业文化的差距，从而影响到企业运作方式的差距。我国与日本共同处在东方文化的范围之内，企业运作方式上必然存在着某些相同的轨迹。在知识转化发展的路径上，我国东部地区企业显著在知识外显化和知识内隐化方面超前于西部企业，正好与Nonaka在其知识循环理论中所强调的两个重要阶段完全相同,不能不令我国企业的决策群体认真地进行深入的思考。

本章小结

本章借助于修正后的知识转化测度量表和核心能力形成测度量表,运用 Lisrel 统计软件,通过对调查数据的应用,分别对总体样本、东部地区样本、西部地区样本进行模型检验,从而揭示了知识转化在核心能力形成路径上的微观运作机理。然后,根据样本的验证结果,进行了总体样本的管理实践意义分析与东、西部地区样本的管理实践意义的比较分析,从而为我国企业知识转化在核心能力培育路径上的管理实践的发展提供了现实性的理论借鉴。

8 知识转化与核心能力形成的相关性模型在我国星级酒店业中的应用研究

根据世界旅游理事会（WTTC）预测，21世纪中国将成为世界主要旅游中心，旅游业将为中国创造庞大的财富和更多的就业机会。2017年国内旅游人数50.01亿人次，比上年同期增长12.8%；入出境旅游总人数2.7亿人次，同比增长3.7%；全年实现旅游总收入5.40万亿元，同比增长15.1%。初步测算，全年全国旅游业对GDP的综合贡献为9.13万亿元，占GDP总量的11.04%。旅游直接就业2825万人，旅游直接和间接就业7990万人，占全国就业总人口的10.28%。我国著名旅游管理专家魏小安在《中国旅游业发展的十大趋势》（2003）中早就指出：旅游经济从本质上来说就是知识经济，至少是最适应知识经济发展的行业，所以，知识管理是旅游业发展的重要趋势。

因此，我国旅游企业蕴含着丰富的知识资本，旅游经济发展与知识管理存在着天然的内在一致性。星级酒店业是旅游企业中最有影响的行业之一，知识管理在世界范围内是星级酒店业的一项重要管理战略。据统计，40%以上的国外名牌酒店设立CKO，几乎所有的西方酒店承认自己在从事知识管理的行为，而我国星级酒店业事实上也存在着大量的知识管理活动。因此，基于星级酒店业知识转化与核心能力形成的相关性研究具有重要的现实意义。

8 知识转化与核心能力形成的相关性模型在我国星级酒店业中的应用研究

8.1 我国星级酒店业的知识资本管理的现实意义

旅游企业是典型的知识型行业，蕴藏着丰富的知识资本，与知识管理存在着天然的拟合性。我国的旅游企业包括酒店业、旅行社业、旅游运输业和旅游景区业四大类，其中，酒店业在旅游业中占据重要的地位，酒店业的产值历年来在我国旅游产值中居于首位。由于星级酒店业在酒店业中居于主导性地位，因而星级酒店业的经营绩效对我国整个旅游业的发展具有重要的影响。

知识管理尽管在形式上是一个前沿性的管理研究领域，但在事实上却蕴含着许多现实性的企业行为，近年来，知识管理的研究在我国旅游企业已逐渐展开。林中燕（2000）认为，旅游企业知识管理是一种跨越多种职能的更高级的管理，涉及人力资源管理、技术管理、信息管理和战略管理等多种管理职能的管理形式和内容。郭华（2000）认为旅游企业知识管理是指建立在旅游业良好的信息化、网络化基础之上的，对旅游企业生产和经营依赖的知识进行收集、组织、创新、扩散、使用和开发的一系列行为；肖拥军（2001）初步探讨了饭店业知识管理的模式，强调了知识管理是未来饭店业核心能力培育的源泉；魏小安（2003）认为，未来的中国旅游业将开拓知识化管理之路，尽快实现从经验管理向知识管理的转化，这是中国旅游业发展的必然趋势，是促进中国旅游业走向可持续发展道路的有效措施。雷江升（2006）从服务营销的角度探讨了旅游企业知识管理的问题，并提出了旅游企业知识管理的若干模式；胡明（2007）验证了酒店连锁企业员工知识分享、知识资本增长与企业绩效的相关性；江波（2008）探讨了知识管理系统在古村落旅游开发和管理中的作用。同样，星级酒店业作为我国旅游业的重要支柱产业，知识管理已逐渐引起全行业的高度重视，对星级酒店业的长远发展具有持续性的促进功能。

首先，星级酒店业经营的成败很大程度上取决于人力开发、理念创新、品牌优势、CRM绩效等方面，这些都属于"软"资产的管理范畴。这些资产的价值在某种程度上是星级酒店企业的核心价值，但又是在会计报表中无法体现的价值。忽略这些"软"资产价值的存在是非常不明智的行为，而用同等规模的工商企业的会计数据与包括星级酒店业在内的旅游业相比较也没有多少现实意义。也就是说，星级酒店业具有自己独特的管理特性，也就是和知识管理天然相合的特性。

其次，和国外同业相比，我国星级酒店的核心竞争能力也差强人意。2007年底我国旅游业对外全面开放，包括星级酒店业在内的各旅游产业都面临严峻的国外同业挑战。业内人士都清楚，我国星级酒店的硬件设施和国外相比毫不逊色，并且具有得天独厚的地理优势与文化优势。但是，我国星级酒店的管理水平与国外同业不可同日而语，综合能力无法相提并论。尽管我国星级酒店业仅用三十年的时间走完了国外同业百余年所经历的路程，但这只体现在有形设施上，而更具价值的无形能力却有待提高与完善。

最后，我国星级酒店业隐藏着巨大的价值源。如果加强知识管理，将这些潜在价值释放出来，将会极大地提高我国的旅游业产值，增加旅游产值在国民生产总值中的比重。目前，我国星级酒店已达13000家以上，客房150万间，固定资产达6000亿元，但是客房出租率不足70%，服务满意度属于中等水平，营业绩效不容乐观。这些资源潜力如果长时期受到抑制，不能发挥应有的能量，不仅阻碍了星级酒店业的长远利益获取，也引致整体社会福利的严重损失。

所以，基于现有的管理平台有效地进行知识管理是我国星级酒店业的必由之路，也是我国星级酒店业逐步实施的行业性管理战略，是提高我国星级酒店业国际竞争力的基础性前提。

8.2 我国星级酒店业知识转化体系的设计

根据知识资本的内涵，可以进行我国星级酒店业知识资本的结构解析，以阐明我国星级酒店业实施知识转化的可行性。在进行知识资本结构解析时，必须坚持住一条核心原则：知识资本所测度的对象是

8 知识转化与核心能力形成的相关性模型在我国星级酒店业中的应用研究

企业的"软资产",而不是财务资本,更不是实体资本。尽管知识资本和财务资本具备一定的交叉功能,即知识资本包含若干财务资本中的无形资产,但它在内涵和外延上远比无形资产深入和开阔,绝不可将两者相提并论。知识资本不仅涵盖无形资产,还包括未曾纳入规范会计核算的人力资产、依附于组织结构和业务流程的编码知识和未编码知识等。

根据斯图亚特的知识资本理论,我国星级酒店业的知识资本分为四个构成要素:人力资本、结构资本、市场资本和客户资本。人力资本是指依附在人力资源上的资本价值;结构资本是指依附于星级酒店管理团队和组织结构之上的管理能力,表现为结构化知识和非结构化知识的总合;市场资本是指星级酒店的市场开发与营销能力;客户资本是指星级酒店积累的客户价值。在这四个构成要素中,人力资本是基础性的资本,是其他要素资本价值的源泉,因此,知识资本的管理在本质上是对人力资本管理的扩张和深化。

根据Polany的知识理论,星级酒店业的知识资本可分为显性知识和隐性知识。显性知识包括酒店业规范的规章制度、成熟的管理体制、成文的业务规范、标准的工作流程、高效的网络系统和数据库系统等,而隐性知识包括领导层的决策能力、市场预测能力、优秀的企业精神、优良的工作传统以及员工的创新能力等。无论是显性知识还是隐性知识,都是星级酒店业的宝贵财富,是决定星级酒店业长远发展潜力的必要资源。显然,根据SECI模型的知识转化理论,我国星级酒店业同样存在着四种知识转化行为。

在知识社会化方面,首先,我国星级酒店业非常重视老员工对新员工的引导,让老员工的技能尽快为新员工所吸收,同时鼓励员工之间的互助互学,在各类职能岗位上树立优秀员工的典型,并积极培育向优秀员工学习的企业文化。其次,我国星级酒店业非常重视内部培训机制,鼓励员工勤奋学习、奋发向上,有意识地进行组织学习气氛的营造,让优秀的企业精神能够对所有员工进行持久性的感染,积极地创造员工内部各种业务技能交流的环境。最后,决策层的和谐、团结,以及先进决策观念的引入与决策方式的科学化都将影响到酒店业的长远发展。

在知识外显化方面，我国星级酒店业鼓励员工将自己特殊的技能、经验、诀窍和见解等深层次的业务能力以各种形式展现出来，为他人所利用和接受，从而逐步变为企业的无形财富；同时鼓励各层级的业务单位积极地实施经验与技能的交流，从而在团队内部进行推广；最后，星级酒店业也积极地实施公司范围内的经验推广活动，以扩大潜在的创造性技能在全公司范围内的影响。

在知识组合化方面，首先，我国星级酒店大力营造信息传输系统，以便提高酒店内部的信息传输能力，鼓励员工将有价值的信息资料通过各种方式提供给所在的团队或组织，或者直接输送至酒店的数据库系统，实现信息共享。其次，星级酒店业非常重视基本规章制度对员工行为的约束作用，鼓励基层单位之间的资料交流，使客房部、餐饮部、康乐部、市场部互通有无，形成共同的认识和目标，将各部门的成文的内部资料在公司范围内展示。最后，我国星级酒店业一般非常重视将对企业具有重大影响的战略决策、决议等在全公司范围内宣传，形成一种万众一心的局面，同时也重视决策层的规划和方针能够得到各级管理层的理解与支持，尽力排除战略决策实施过程中的阻力，并且积极地从各个职能部门和业务部门收取信息，以充实数据库的信息总量并改善信息质量。

在知识内隐化方面，首先，我国星级酒店业鼓励个人积极地对他人的业务行为进行感悟和体会，以便提高自己的业务素质，同时倡导中层管理人员积极地参与业务实践，吸纳员工的正确建议，集思广益，改造自己的领导方式并提高自己的领导效率，注重将优秀员工的行为模式融入企业文化之中，以便激励全体员工的信心和忠诚，提高员工的忠诚度和敬业度。其次，我国星级酒店业积极地实施各种团队竞赛活动，提高员工的团队荣誉感和自豪感，鼓励各部门积极地借鉴他人的成功经验，努力优化自己的运作模式，也大力树立优秀团队的典型，实现对整个星级酒店的激励。最后，我国星级酒店业非常重视组织环境与组织规则对个人的熏陶和引导，将员工的个人发展与公司的长远发展融于一体，培育员工的奉献精神，同时也积极地引导团队将公司的决策和决议尽快地转化为团队的奋斗目标。

可见,与其他任何企业一样,基于 SECI 模型下的我国星级酒店企业的知识转化行为均体现在星级酒店的各种职能管理和业务活动中。正如林中燕(2000)认为,旅游企业的知识管理涉及人力资源管理、技术管理、信息管理和战略管理等多种职能管理。由于知识转化是知识管理的核心内容,知识转化必然也融合在这些常规性的职能管理活动之中。

根据以上分析,可以直接将知识转化量表模型研究所生成的知识转化最终测度量表作为我国星级酒店业知识转化量表的测度模型,具体内容如附录所示。

8.3 我国星级酒店业核心能力形成体系的设计

我国星级酒店业核心能力的研究也是近年来酒店经营管理研究中的一个热点问题,因为目前我国旅游市场已全面开放,星级酒店业也面临着国内外旅游市场上激烈的同业竞争,核心能力的培育已刻不容缓。徐虹(2004)深刻地解析了饭店企业核心竞争力的内涵,揭示了饭店企业能力、竞争能力与核心能力的区别,认为饭店企业核心能力是指饭店企业在竞争市场上通过协调和整合其战略性资源,实现优异顾客体验价值的一组独特的知识与技能的有机集合。吉根宝、藏冬冬(2006)分析了我国酒店业与国外酒店业在经营能力上的现实性差距,指出了酒店业的核心能力的价值主要体现在价值、可扩展性、独特性和持续学习四个方面。龚建(2006)分析了江西省酒店业核心能力培育的现状,指出了江西省酒店业核心能力培育的未来发展趋势。徐文苑(2006)总结了我国酒店业核心竞争力培育过程中存在的若干问题,并从定性和定量两个维度构建了酒店业核心竞争力的测度指标体系。

笔者认为,影响我国星级酒店业经营绩效的十大能力分别是人力资源开发能力、绿色经营能力、企业文化建设能力、品牌培育能力、成本控制能力、电子商务能力、个性化服务能力、内部营销能力、关系营销能力和集团化经营能力。

第一，在人力资源开发方面，人力资源管理问题一直是长期困扰我国星级酒店业健康发展的难题。一方面，我国星级酒店业整体员工文化和专业技能素质较低，核心管理人员和骨干业务人员匮乏，严重制约了我国星级酒店业的持续发展能力。另一方面，却同时存在经验丰富的核心员工大量离职现象。

第二，在绿色经营能力培育方面，星级酒店的绿色管理就是要把生态保护的观念及有益于消费者身心健康的理念融入星级酒店经营之中，其核心就是为顾客提供安全、健康、环保要求的绿色客房和绿色餐饮，加强对环境的保护和对资源的合理运用，提高星级酒店的公众形象和知名度，确保星级酒店的长期商业利益。

第三，企业文化是现代企业的灵魂，真正的企业管理在本质上就是企业文化的管理，这是企业管理的最高境界。星级酒店业的企业文化就是以价值观为核心的行为规范、制度规范和外部形象的总合，可分为物质文化、行为文化、制度文化和精神文化四个层次，其中精神文化是核心层。星级酒店企业文化的目标就是实行人本管理、树立良好形象、营造学习型组织和打造绿色星级酒店。

第四，品牌是星级酒店业的一项重要无形资产，也是星级酒店业的一项重要知识资本。我国星级酒店业的品牌意识较差，缺乏长远的规划，始终不能提到战略管理的高度，这是业内不争的事实。品牌差距也许是我国星级酒店业与国外同行之间最大的差距。我国星级酒店已近15000家，而强有力的品牌星级酒店却屈指可数。这种状况固然和我国过去的企业体制有关，但我们在管理理念和管理方式上也存在诸多缺陷。

第五，成本控制是提高我国星级酒店业绩效的一项重要内部措施，它涉及组织结构中的每个人员和业务流程中的每个环节。我国星级酒店业成本控制的空间巨大，蕴藏着数以亿计的隐性价值。目前我国星级酒店业客房达150万间，直接和间接从业人员数百万人，客房出租率不足65%。成本控制可分为投资成本控制和生产成本控制两个方面，就是要求星级酒店要充分利用现有的设施和人员，使其发挥最大化效用，摒弃盲目追求外观效应的弊端。

第六，电子商务是 21 世纪商务模式的主旋律，是不可逆转的趋势。星级酒店业是适于电子商务模式运作的行业之一，具有天然的吻合性。CRM 在一定程度上体现了电子商务的功能和价值，包括客户分析、客户获取、客户保留、客户升级和客户联盟等若干方面，其最终目的是提高客户忠诚度和客户价值。

第七，个性化服务是指星级酒店为顾客提供有针对性的服务，是物质服务与心理服务的有效组合。这种服务既要满足客人的个性化需求，又要发挥企业和服务人员的个性服务特色。个性化服务是未来星级酒店竞争的焦点之一，是可持续经营的制胜之道。根据马斯洛的需求理论，人的需求是多种多样的，可大致分为五个层次。同样，星级酒店顾客的需求也不可能千人一面，根据具体目的和动机因人而异。这样就为个性化服务开辟了广阔的市场。

第八，内部营销是通过创造一种优良的环境来满足雇员的需要，从而激励员工的工作激情，是一种把雇员当作消费者、取悦雇员的哲学，有助于企业内部形成强大的合力。它既是外部营销的先决条件，又是价值链营销的一个重要环节。内部营销的最终目的就是建立员工满意度，从而赢得顾客满意度。

第九，关系营销是本德·杰克逊于 1985 年提出的一种全新营销理念，强调在营销中必须涉及、发展并保持同顾客的关系。营销的目的不仅仅是赢得顾客，更重要的是留住顾客，其中心原则是创造"真正的顾客"。关系营销在国外星级酒店已广泛开展，并取得了良好的经营效果。星级酒店的关系营销是对传统营销的革命。传统营销只重视产出和利润，忽视了企业和顾客接触过程的研究。而关系营销以系统的思想来分析星级酒店的营销活动，认为星级酒店营销是星级酒店与顾客、其他旅游业主体、竞争对手、供应商、政府机关等互动作用的过程，其核心是正确处理星级酒店与这些利益相关者的关系。

第十，集团化经营是我国星级酒店业的大势所趋。我国星级酒店业虽然数量众多，资产总量也相当可观，但个体资产量和经营能力较差，犹如一盘散沙，各自为政，无法形成强劲的合成优势。我国最大的星级酒店集团上海锦江饭店拥有星级酒店50家，客房13598间，而美国最大的星级酒店集团圣达特星级酒店管理集团拥有星级酒店6455家，客房541313间。锦江集团的星级酒店与客房数仅分别占其0.77%和2.51%，利润总额仅占其0.36%。国内星级酒店只有大力发展集团化经营方式，才能增强我国星级酒店业的整体抗衡能力。

根据以上关于我国星级酒店业全面经营能力的分析，并结合于我国企业核心能力形成最终测度量表体系，可以将我国星级酒店业核心能力形成体系分解为三个要素：核心管理能力形成、核心技术能力形成与核心市场能力形成。

核心管理能力形成分解为：决策能力形成、人力资源开发能力形成、组织能力形成与信息化能力形成。对于星级酒店业而言，决策能力形成是指决策层战略决策效率的提高；人力资源开发能力形成是指星级酒店业人力资源管理水平的提高；组织能力形成是指星级酒店业组织结构的优化和组织功能的改进；信息化能力形成是指星级酒店业系统功能的改善。

核心技术能力形成分解为四个测度指标：技术开发能力形成、技术吸纳能力形成、产品生产能力形成和质量管理能力形成。对于星级酒店业而言，技术开发能力是指星级酒店业的服务创新能力，根据我国星级酒店业经营的现状，可以使用个性化服务能力来代替。个性化服务是以规范化服务为基础，提供针对性的服务，是物质服务与心理服务的有效结合。这种服务既要满足客人的个性化，又要发挥企业和服务人员的个性化特色。技术吸纳能力是指星级酒店对先进服务方式的引入和消化能力，如绿色经营能力、内部营销能力等，都是近年来兴起的先进的酒店管理理念和管理方式。产品生产能力形成是指星级酒店业服务能力的改进。服务能力是指星级酒店的各种服务效能及各项保障措施，是星级酒店生存的根本，是现代星级酒店竞争的焦点。魏小安（2003）认为现代星级酒店的三个基本生存之道是：服务、服务、服务。星级酒店的具体服务能力主要由四部分组成：客房服务能力、餐饮服务能力、康乐服务能力与前厅服务能力。质量管理能力形成是指星级酒店业的服务监督能力与服务反馈信息处理能力的改善。

8 知识转化与核心能力形成的相关性模型在我国星级酒店业中的应用研究

核心市场能力形成分解为：市场开发能力形成、CRM 能力形成和客户满意度提高 3 个因素。对于星级酒店而言，市场开发能力形成是指星级酒店的市场营销能力的成长，包括市场分析能力、市场预测能力和市场定位能力等具体内容。CRM 能力形成指星级酒店的客户关系管理能力的改进。客户满意度提高是指客户对酒店服务满意度的增加。

因此，根据我国星级酒店业核心能力形成体系的具体特征，通过对核心能力形成最终测度量表的改造，可以形成我国星级酒店业核心能力形成测度量表体系。

8.4 模型检验

8.4.1 研究假设的提出

设我国星级酒店业知识社会化为 ξ_1、知识外显化为 ξ_2、知识组合化为 ξ_3、知识内隐化为 ξ_4，同时设核心管理能力形成为 η_1、核心技术能力形成为 η_2、核心市场能力形成为 η_3。根据本研究生成的知识转化与核心能力形成的相关性研究模型，可以提出本书的假设如表 8-1 所示。

8.4.2 数据收集与效度检验

采用李克特七点量表制对我国星级酒店业 27 个知识转化测度指标和 11 个核心能力形成测度指标进行行业数据收集，共获取有效样本 130 份。根据研究模型可知，结构方程模型 7 个构面要素共包含 22 个一级指标，因此样本数与一级指标之比为 6∶1，满足结构方程模型应用的基本条件。7 个构面要素中，Cronbach's α 系数最小值为 0.7772，调查结果信度较高。这些样本分布于苏、浙、川、滇、湘、粤、贵、渝、沪九省市，可以有效地代表我国星级酒店业的总体概况。

知识转化测度体系验证性因子分析的结果是：11 个因子负荷最大值为 0.93，最小值为 0.45，因子负荷值均具有显著性；χ^2/df 值为

1.123，$RMSEA=0.045$，$NNFI=0.933$，$CFI=0.907$，因此，知识转化量表测度体系具有较好的效度。

核心能力形成测度体系验证性因子分析的结果是：11 个因子负荷最大值为 0.89，最小值为 0.51，因子负荷值均具有显著性；χ^2/df 值为 1.335，$RMSEA=0.071$，$NNFI=0.911$，$CFI=0.957$，因此，核心能力形成量表测度体系具有较好的效度。

因此，本书设计的关于我国星级酒店业知识转化测度量表与核心能力形成测度量表具有较好的信度和效度，可以直接将样本数据纳入全模型检验。

表 8-1　　　　　　　　　　假设检验

Table 8-1　Research assumption

假设	路径表示	假设内容
H1a	$\xi1\rightarrow\eta1$	我国星级酒店业知识社会化对核心管理能力形成具有正向促进作用
H1b	$\xi1\rightarrow\eta2$	我国星级酒店业知识社会化对核心技术能力形成具有正向促进作用
H1c	$\xi1\rightarrow\eta3$	我国星级酒店业知识社会化对核心市场能力形成具有正向促进作用
H2a	$\xi2\rightarrow\eta1$	我国星级酒店业知识外显化对核心管理能力形成具有正向促进作用
H2b	$\xi2\rightarrow\eta2$	我国星级酒店业知识外显化对核心技术能力形成具有正向促进作用
H2c	$\xi2\rightarrow\eta3$	我国星级酒店业知识外显化对核心市场能力形成具有正向促进作用
H3a	$\xi3\rightarrow\eta1$	我国星级酒店业知识组合化对核心管理能力形成具有正向促进作用
H3b	$\xi3\rightarrow\eta2$	我国星级酒店业知识组合化对核心技术能力形成具有正向促进作用
H3c	$\xi3\rightarrow\eta3$	我国星级酒店业知识组合化对核心市场能力形成具有正向促进作用

8 知识转化与核心能力形成的相关性模型在我国星级酒店业中的应用研究

续表

假设	路径表示	假设内容
H4a	$\xi 4 \rightarrow \eta 1$	我国星级酒店业知识内隐化对核心管理能力形成具有正向促进作用
H4b	$\xi 4 \rightarrow \eta 2$	我国星级酒店业知识内隐化对核心技术能力形成具有正向促进作用
H4c	$\xi 4 \rightarrow \eta 3$	我国星级酒店业知识内隐化对核心市场能力形成具有正向促进作用

8.4.3 模型检验

采用 Lisrel 8.7 进行全模型检验（固定方差法），得外源变量对内生变量的效应矩阵（Γ）如表 8-2 所示，阴影部分为缺乏显著性的路径参数。

表 8-2　　　　　　　　　　　验证结果

Table 8-2　Certifying result

假设名称	路径表示	假设内容	系数负荷	标准误	t 值
H1a	$\xi 1 \rightarrow \eta 1$	社会化→核心管理能力形成	0.66	0.11	6.00
H1b	$\xi 1 \rightarrow \eta 2$	社会化→核心技术能力形成	0.38	0.09	4.21
H1c	$\xi 1 \rightarrow \eta 3$	社会化→核心市场能力形成	0.12	0.08	1.50
H2a	$\xi 2 \rightarrow \eta 1$	外显化→核心管理能力形成	0.37	0.12	3.11
H2b	$\xi 2 \rightarrow \eta 2$	外显化→核心技术能力形成	0.45	0.09	5.00
H2c	$\xi 2 \rightarrow \eta 3$	外显化→核心市场能力形成	0.09	0.08	1.10
H3a	$\xi 3 \rightarrow \eta 1$	组合化→核心管理能力形成	0.64	0.10	6.40
H3b	$\xi 3 \rightarrow \eta 2$	组合化→核心技术能力形成	0.13	0.11	1.18
H3c	$\xi 3 \rightarrow \eta 3$	组合化→核心市场能力形成	0.33	0.11	3.00
H4a	$\xi 4 \rightarrow \eta 1$	内隐化→核心管理能力形成	0.23	0.09	2.56
H4b	$\xi 4 \rightarrow \eta 2$	内隐化→核心技术能力形成	0.15	0.07	2.14
H4c	$\xi 4 \rightarrow \eta 3$	内隐化→核心市场能力形成	0.11	0.10	1.10

同时得模型拟合指数列表如表 8-3 所示。

表 8-3 拟合指数列表

Table 8-3　Match Indexes Table

拟合指标	χ^2/df	RMSEA	RMR	CFI	NFI	IFI	GFI	TLI	AGFI
指标现值	1.823	0.045	0.087	0.926	0.915	0.966	0.942	0.978	0.886
最优值趋向	<3	<0.08	<0.1	>0.9	>0.9	>0.9	>0.9	>0.9	>0.8

所以，模型拟合效果较好，无须进行模型修正（其他相关验证结果在此略去）。

8.5　结论分析

（1）我国星级酒店业知识社会化对核心管理能力与核心技术能力的形成具有显著的促进作用，而对核心市场能力的形成缺乏促进功能；知识外显化对核心管理能力和核心技术能力的形成具有显著的促进作用，而对核心市场能力的形成缺乏促进功能；知识组合化对核心管理能力和核心市场能力的形成具有显著的促进作用，而对核心技术能力的形成缺乏促进功能；知识内隐化对核心管理能力与核心技术能力的形成具有显著的促进作用，而对核心市场能力的形成缺乏促进功能。

因此，总的说来，我国星级酒店业的知识转化行为对核心能力的形成已经起到一定的促进作用，但还存在一定的功能拓展空间。

（2）从核心市场能力形成的角度来分析，我国星级酒店业的知识转化行为对核心管理能力形成具有显著的促进功能，对核心技术能力形成具有一定的促进功能，而对核心市场能力的形成缺乏显著的促进功能。

（3）对于在目前的经营环境下需要大力提高核心管理能力的星级酒店来说，通过实施知识转化就可以达到预定的管理目标。但是，在投入资源的分配上和战略管理的实施上，应优先保证知识社会化和知识组合化的实现，以最大限度地取得投资收益和改进管理绩效。因为，尽管知识转化的四种模式都可以对核心管理能力的形成起到一定程度的促进作用，但从路径系数上可以看出，知识社会化和知识组合化对核心管理能力的促进功能较强，路径系数值较高，分别为0.66和0.64，因此，知识社会化和知识组合化能够对核心管理能力的形成具有较高的激励功能。同样，由路径系数也可以看出，知识外显化和知识内隐化尽管对核心管理能力的形成具有一定的促进功能，但相比于前两种知识转化形式而言，其激励功能相对较弱，路径系数分别为0.37和0.23。

因此，对于需要大力培育核心管理能力的星级酒店而言，实施知识转化优先选择的策略依次为：知识社会化、知识组合化、知识外显化和知识内隐化。当然，对于如何落实到具体的企业管理职能上，要根据每个星级酒店的内外部环境而定，最终要归于每个星级酒店的管理能力。因为管理既是一门科学，又是一门艺术。

（4）对于在目前经营环境下需要大力培育核心技术能力的星级酒店来说，根据路径系数值可以判断：首选策略是实施知识外显化，对核心技术能力的促进功能最为显著，因为知识外显化对核心技术能力的激励路径系数最高（0.45）。次优策略是知识社会化，因为知识社会化对核心技术能力的激励路径系数次高（0.38）。最后的策略是实施知识内隐化或者实施知识组合化。因为，知识内隐化对核心技术能力的激励路径系数只有0.15，尽管知识组合化目前并未对星级酒店业的核心技术能力产生显著的促进功能，但是对知识组合化的激活或许起到超越性的管理效应。至于最终的选择问题，也许是管理艺术的最高境界。

（5）根据验证结果可知，基于知识转化视角的我国星级酒店业的核心市场能力目前并未形成。对于在目前经营环境下需要大力培育核心市场能力的星级酒店，可以全面实施知识转化策略，以获取核心市场能力的质的飞跃。对于在目前经营环境下需要有限地提高核心市场能力的星级酒店，可以有针对性地实施知识组合化策略，能够在短时间内小幅度地提高核心市场能力。

2007年底，我国旅游业全面对外开放，我国星级酒店业不得不面对强大的国外同业的竞争压力。虽然我国星级酒店业只用了30年的时间便完成了国外酒店业百余年的"硬件"发展过程,在酒店设施上与国外同行业不差上下,但包括市场能力在内的"软件"运作能力根本不能与国外同业相抗衡。由于星级酒店业是典型的知识型行业,即知识资本的管理对酒店业经营绩效具有较大的促进功能的行业,因此,实施知识资本管理战略,大力推进知识转化,是我国星级酒店业获取持久性市场竞争优势的必由之路。

由于受到计划经济时代思想观念的束缚,我国星级酒店业的市场能力较弱,这也是业内有目共睹的事实。许多星级酒店的市场观念停留在国外同业20世纪末期的水平,一方面缺乏必要的市场竞争意识,另一方面也没有引入有效的市场创新方法,致使客户满意度长期处于低迷状态。2001年至2006年,我国星级酒店业的平均客房入住率一直没有突破70%,而在旅游业全面开放的2007年,客房入住率存在着明显的下降趋势。

对于本书模型而言,市场核心能力形成是"果",知识转化是"因",为了实现核心市场能力培育的"果",必须对知识转化这个"因"的因素进行激活。根据我国星级酒店业的运营机制,可以按照如下策略实施知识转化。首先,星级酒店要有针对性地实施和加强与市场营销相关的知识组合化行为,如组织销售部门人员联谊活动,增强彼此之间的沟通,建立销售数据库来实现信息共享,以巩固现有的核心市场能力。其次,在知识社会化方面,鼓励市场人员进行深层次的交流,让优秀市场人员的卓越性销售技能在无形中感染其他销售人员,因为这种卓越性销售技能往往源于内心的激情、判断和感觉,是很难用语言来描述的,即只可意会、不可言传。其他销售人员只能通过长时期的揣摩和领悟,才能获取其中真正的奥妙。许多星级酒店业有意识地促进和实施这种深层次的市场人员交流会,培养了大批的优秀销售人员,使得短时间内销售业绩直线上升。再次,在知识外显化方面,星级酒店可以大力鼓励优秀销售人员将自己的销售经验和技能尽可能地进行书面化整理,形成格式化文件,以便在公司范围内全体销售人员中进行传阅和学习。因为深层次的交流不可能涉及太多的对象，一个优秀的销售人员只可能与一个或几个销售人员进行深层次的交流，不可能涉及过多的人员，而知识外显化行为可以有效地弥补知识社会化行为的不足。同时，星级酒店可以鼓励销售人员充分利用 CRM 的功能，在大量的市场数据中获取有效的规律性信息，以便指导自己的销售策略。最后，在知识内隐化方面，我国星级酒店业可以将前沿性的销售思想、方法、技能融入自己的销售文化中，形成自己别具一格的销售风格，从而保持持续性的竞争优势。

总之，知识转化战略对我国星级酒店业的核心市场能力的形成存在着巨大的潜在性激励功能，而如何抓住时机，积极地实施知识转化，有针对性地培育核心市场能力，则是每个星级酒店管理艺术的再现。

本章小结

本章对我国星级酒店业知识转化与核心能力形成的相关性进行了经验性的分析，揭示了知识转化对星级酒店业核心能力形成的微观效应，从而为我国星级酒店业积极地实施知识转化战略、有效地培育企业的核心能力提供了现实性的理论借鉴，同时也有效地说明了本书构建的知识转化与核心能力形成的相关性研究模型在国民经济各个行业中具有现实性的应用价值。

9 结论与展望

本书对我国企业知识转化与核心能力形成的相关性研究进行了检验,检验路径如下:理论综述→模型推演→变量设计→数据收集→变量修正→模型检验→结论分析,在得到若干创新性突破的同时,也存在着一些不足之处。但总体而言,本书的若干结论对我国企业知识管理活动的深入开展具有一定的现实性指导意义。

9.1 研究工作总结

(1) 建立了我国企业知识转化与核心能力形成相关性研究的理论模型

本书对知识转化与核心能力形成的相关性探讨,实质上是对传统的知识管理与核心竞争力的相关性模型,或者知识资本与企业绩效的相关性模型的进一步深化和提炼。也就是说,从本质上去探讨知识管理与核心能力之间的内在联系。本书在分析过程中使用了结构方程模型,可以得到微观路径效应上的具体决定系数和影响因子,因此具有更强的现实性。

图9-1的阴影部分显示了本书的研究区域:

9 结论与展望

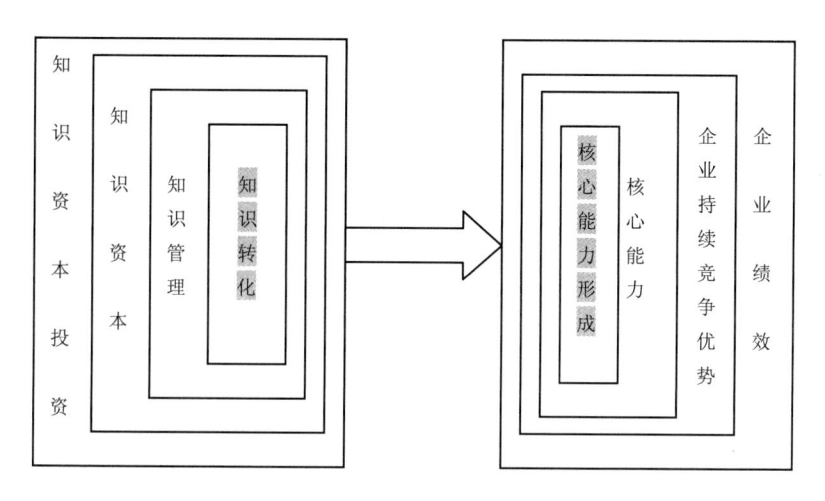

图 9-1 研究理论区域

Fig. 9-1 The research theory district

（2）根据我国企业的知识活动对 Nonaka 的 SECI 模型进行了扩展和深化

Nonaka 的 SECI 模型在知识转化理论中具有不可动摇的权威地位，它根据日本企业的经营活动详细解析了隐性知识与显性知识的转化形式，揭示了知识转化的主要流程。但是，现实企业中的知识转化是网络式的，在不同的转化主体之间交错进行，既包括野中所强调的主要流程，又包括许多辅助流程，共同实现了知识转化的最终目标。本书根据既有的研究成果，定义了知识转化元的概念，并以知识转化元为最小微观单位，结合组织学习行为过程，对知识转化机理进行经验性解析，全方位地分析了多主体间的知识转化机理，为核心能力形成模型的确立提供了坚实的理论平台。

（3）对我国企业的知识转化与核心能力形成的效应进行了实证检验

知识管理在管理学理论中是一个前沿的术语，然而在管理实践中却是一种古老的活动。我国企业的管理行为中存在大量知识转化活动，并且随着经济社会的深入发展，这种有意识的活动将逐步得到加强。然而，知识转化与核心能力形成并不存在必然的现实因果联系，只有有效的知识转化活动才能催生企业核心能力的形成。本书通过对我国企业知识转化活动的实地调查，取得了大量可靠性较强的数据资料，对我国企业的知识转化绩效进行了实证检验，揭示了我国企业知识转化活动中存在的若干形式性问题，对我国企业充分发挥知识资本的价值功能，提高知识转化效率，增强企业核心能力，具有重要的现实性意义。

（4）对我国东、西部企业知识转化绩效进行了实证性的对比检验

我国东、西部企业在传统管理方式和企业竞争能力培育等方面一直存在一定的差距，致使国家宏观经济政策在诸多方面向西部地区倾斜，至今未能解决这一基本的不利国情。然而，世界范围内知识管理活动的兴起又一次将东、西部企业推向同一起跑线。本书依据我国东、西部企业知识转化的第一手数据，运用结构方程模型中的多组验证分析方法，揭示了我国东、西部企业的知识转化活动在核心能力形成过程中微观机制上的差异性，对于消除我国东、西部企业发展的差距，实现国民经济发展的地区平衡提供了经济学与管理学上的理论借鉴，具有一定的实践性的指导作用。

（5）将知识管理与核心能力的相关性分析进一步引入微观研究领域

从本书的理论综述中可以看出，近年来，知识管理与核心能力方面的研究存在三个趋势：相关性趋势、实证趋势与过程趋势。相关性趋势主要是探讨知识资本、知识管理与核心能力诸要素之间的相关性，即知识活动在核心能力形成过程中的作用和地位。实证趋势主要是基于企业的知识实践活动，对知识活动与核心能力形成的相关性进行现实性检验。过程趋势主要是对核心能力形成的路径与演化进行分析。而本书在承接这三种研究趋势的基础上，对企业知识转化活动在核心能力形成过程中的微观机理进行了实证检验。

知识转化虽然只是知识活动的内容之一，但其本身也包含若干构成要素，同样，核心能力包含若干成分，其形成过程也相应地分解为若干构成要素。本书主要致力于对这两类要素集的元素之间因果效应的实证检验，打破了常规研究的"黑箱"状态，将核心能力形成的

微观路径效应纳入了研究范围,对企业知识理论与企业能力理论的发展具有一定的推动作用。

本书以我国东、西部企业的现实性知识活动为依据,对我国企业知识转化活动的若干微观行为在若干微观核心能力形成要素的变迁过程中的行为效应进行了实证检验,揭示了我国企业知识转化过程中存在的积极效应与消极因素,解析了我国企业在核心能力形成过程中的优势渠道和障碍路径,并定量地测评了我国企业知识转化要素集与核心能力形成要素集各元素之间的传输效应系数,对于我国企业提高知识转化效率、加快企业核心能力的培育具有积极的借鉴意义。

9.2 研究的创新点

根据本书的主要研究工作及研究工作的总结,提出本书的创新点如下:

(1) 提出知识转化与核心能力形成的相关性研究模型

知识管理与核心能力固然存在相关性,但是根据知识链理论,知识管理中存在多种知识活动,而对核心知识活动的抽取是解析知识管理功能的关键性因素。本书经过深入的理论分析,将知识转化确立为知识链中的关键性环节。同时,知识管理或知识转化的直接结果是企业核心能力的形成,是一个动态性的结果,不是核心能力静态的质的大小与量的强弱。所以,本书经过严密的理论分析,将知识转化与核心能力形成的相关性确立为本书的主体研究模型。

(2) 在微观路径上揭示了我国企业知识转化与核心能力形成之间的相关性

本书分别基于全国、东部、西部三个样本总体验证了知识转化与核心能力形成的相关性,揭示了知识转化在核心能力形成过程中的内部运作机理,从而发现了东部地区企业的知识转化功能显著超越于全国平均水平,而西部地区企业的知识转化功能显著滞后于全国平均水平,表明了我国西部企业没有充分把握住知识管理这一新的战略机遇以实现对东部企业的追赶和超越。

（3）对东、西部企业知识转化与核心能力形成的相关性进行了对比分析，从而为西部企业核心能力的培育提供了理论借鉴

对比分析显示：东部地区企业知识外显化与知识内隐化在核心市场能力形成过程中的促进功能显著超越于西部地区企业的相应功能，表明了西部地区企业核心能力培育战略的首要策略是大力提高知识外显化与知识内隐化在核心市场能力形成过程中的促进作用，从而可以最大程度地缩小东、西部地区企业核心能力的现实性差距。

9.3 研究的局限性

由于研究时间、经费以及个人研究水平的限制，本书在设计与实施过程中虽然借鉴了许多相关研究成果，并请教了许多权威学者和实务界人士，在设计和实施过程中力求符合科学性原则。然而，由于以下诸方面的限制因素，使得本书的研究过程和研究结果仍可能存在若干局限性。

（1）问卷测量上的局限性

由于本书问卷采用李克特（Likert）七点量表来测度我国企业知识转化和核心能力培育的现实情况，填写者的理解程度必然会直接影响调查结果的准确性。虽然在问卷发放之前做了大量问卷规范工作，包括前测、试测等，并且在每次实施测试前尽可能地对问项进行讲解以提高受访者的理解质量，但是不可能完全避免误解情况的发生。同时，在问卷测试时，为了尽可能提高受测者的整体清晰性，考虑到知识管理、核心能力培育等均属于现代企业管理理论的前沿内容，因此将文化程度低于本科的受测者个体样本过滤掉。但是，文化程度高于本科的受测者也有相当部分缺乏深刻的企业经验，也会影响问卷的填写质量。所以，保证完全信息获取率的填写方式是不存在的，在实施过程中采取"两者相害取其轻"的策略是可行的。

（2）样本资料的局限性

本书在样本资料上的限制分为时间限制与空间限制两种情况。在

时间上,本书模型存在一定的效应滞后性,即当期的知识转化行为未必在本期对企业的核心能力形成产生促进作用,其作用效果可能会滞后在下期或更远的时期。因此,在原始数据获取方式上,采用时间序列数据显然优于截面数据(cross section)。在空间上,本书的样本来自全国8个城市,其中东部4市局限于华东地区,西部4市局限于西南地区。显然,总体样本不可能完全代表我国企业的整体情况,东、西部样本也不可能完全反映我国整个东部地区和整个西部地区的局部整体情况。由于各方面的限制因素,本书在研究中选择了截面数据和局域数据,会对研究结果带来一定程度的不确定性。

(3) 研究主题的局限

本书研究的主题是知识转化与核心能力形成的相关性,根据现代管理理论,知识转化与组织学习具有高度的融合性,并且是核心能力形成的重要途径之一,因此,完整的研究框架应包括组织学习的研究,将组织学习行为分解为若干过程因子并纳入实证模型,而本书仅将组织学习行为在知识转化测度因子模型中作为对若干指标的辅助解释内容,并未将其提升到独立因子的地位。其次,根据企业知识理论和企业能力理论,知识经济时代企业核心能力的形成主要源于企业的整体知识管理活动,因此,研究知识管理与核心能力形成的相关性也具有较强的现实意义。也就是说,将初级知识管理活动(知识收集、过滤、分类、存储)和高级知识管理活动中知识共享、知识创新纳入研究框架,将具有更高科学性和合理性。当然,多变量研究框架的采用将涉及复杂度较高的统计验证模型,本书一时无力逾越这道技术屏障。

(4) 研究结果的局限性

首先,本书主要探讨了知识转化与核心能力形成的微观路径效应,并得出了若干现实性的结论,这种研究虽然相对于"黑箱"方式的常规研究有所改进,为其提供了实证数据,但未能深入揭示这些微观路径效应的生成机理。因此,相对于知识管理的微观机理而言,本书的研究成果是"黑箱"中的"黑箱"。也就是说,本书虽然验证了路径传输系数,由此肯定或否定了每条路径的功能显著性，但是，对于知识转化的每个阶段究竟如何通过微观知识行为对各个核心能力要素进行促进，缺乏深入的分析。其次，本书没有将知识转化的"场"理论纳入研究框架，缺乏对知识转化环境的深入探讨。从产业组织理论的 SCP 模型角度来看，仅研究了 C 与 P 的效应，而忽略了 S 的基础功能。再次，本书虽然从各个要素的验证性因子分析过程中可以有效地判断哪些因子在发挥现实性的作用，哪些因子尚未发挥其功能，但这些均是肤浅的分析方式，对于指标的交互效应没有给予足够的重视，而这种交互效用对企业的知识管理实践更有指导作用。又次，本书立足于组织内部的知识转化活动，而摒弃了组织间知识转化活动对企业核心能力形成的影响。其实，随着经济社会的飞速发展，供应链管理的快速兴起，组织间的联系日益密切，组织间必然存在大量的知识转化活动，而这些活动对组织核心能力的培育有时具有至关重要的作用。无视组织间知识转化活动存在的知识转化研究当然具有先天性的缺陷。最后，本书对于知识转化的四个要素间的相关效应，即四个转化阶段间的促进或制约效应也未做过多的研究。

9.4 进一步研究的建议与展望

尽管本书尝试性地建立了我国企业知识转化与核心能力形成相关效应的微观结构模型，但是，根据本书中存在的局限性，未来的研究可以在研究方法的精练、研究主题的扩展、研究数据采集范围的扩大等方面进一步丰富本书的内容。

（1）改善问卷的测试程序

由于研究条件的限制，本书的抽样采用随机抽样的方法，因此不可避免地导致一定的随意性，不利于结论的一般化。在量表测试过程中，虽然采取了若干措施保证其内容效度和表面效度，如量表内容大都是在文献分析的基础上设计的，存在较强的理论支持，并进行了实地调查，充分地借鉴了实务界高级管理人员的经验。另外，还进行了一系列程序检验，提出了一些信度和效度较低的题项，从而保证了最终用于研究的量表数据都具有较高的信度和效度,但是,问卷的测试程序还存在进一步的优化空间。第一,在问卷测试对象的选择上,对于同一样本(企业)而言,可以考虑将量表的问题分给不同的专业人员填写。对于核心能力形成题项,核心生产能力可以由生产主管填写、核心技术能力可以由技术主管填写、核心市场能力可以由市场主管填写、核心整合能力可以由统控全局的一位副总或总工填写;对于知识转化题项,可以有针对性地选取一位理论水平与管理实践两者兼优的副总级以上的高层管理人员填写。这样可以进一步确保对题项的准确理解。第二,在样本选择上,本书主要是针对生产型企业而展开的,没有对具体行业进行分类。未来的研究可以分行业进行,着重探讨某一行业的知识转化与核心能力形成的相关性,以利于提高行业的知识转化效率,高效地培育企业的核心能力。

(2) 将外部情境变量和相关变量纳入研究框架

在适当的条件下,本书可以考虑在如下几个方面进行拓展:首先,将知识转化的"场"理论纳入研究框架,加强对微观变量内部作用机理的分析。其次,将知识管理的其他活动纳入研究框架,如知识收集、知识过滤、知识整合、知识共享、知识创新等,全方位地分析知识活动对核心能力形成的激励功能。再次,将组织间的知识转化活动纳入研究框架,探讨本组织与其他组织之间的知识转化对企业核心能力形成的促进效应。又次,将组织学习完全纳入研究框架,探讨组织学习与知识转化的交互作用在核心能力形成上的内在的激励功能。最后,可以借助复杂度更高的统计模型,探讨知识转化各阶段的交互功能如何促生核心能力的形成。

(3) 扩大样本选择区域并实施跨期样本检验

由于研究条件的限制,本书的东部地区选取了上海、南京、苏州、杭州四地进行样本抽取,显然这四个城市不可能充分地反映我国东部地区样本的总体情况,西部地区的样本抽取也存在同样的不良问题。因此,未来的研究可以适当扩大样本选择范围,在华东地区和西南地区样本的基础上,进一步获取华北、东北、西北、华中、华南、东南地区的样本数据,将使研究结果更加合理而有效。为了消除时间差异，可以考虑对样本实施跟踪调查，即先获取 T_0 期知识转化测度数据，在后续的几年里获取 T_1 期、T_2 期、T_3 期的核心能力形成测度数据，以这几年的平均值作为因变量进行检验，可以有效地消除滞后效应的影响，提高本书结果的精确度和可信度。

参考文献

Amrit Tiwana:《知识管理十步走——整合信息技术、策略与知识平台》,电子工业出版社 2004 年版。

Drucker P. E.:《哈佛商业评论精粹译丛——知识管理》,杨开峰译,中国人民大学出版社 2000 年版。

蔡宁、阮刚辉:《中小企业的核心竞争力及其综合评价体系》,《数量经济技术经济研究》2002 年第 5 期。

常荔、邹珊刚:《知识管理与企业核心竞争力的形成》,《科研管理》2000 年第 3 期。

戴俊、朱小梅:《基于团队知识交流的组织知识转化机制研究》,《科研管理》2005 年第 5 期。

戴俊、朱小梅、盛昭瀚:《知识转化的机理研究》,《科研管理》2004 年第 11 期。

戴秋霞:《SECI 知识转化过程对于企业的影响》,《湘潭大学学报》2004 年第 1 期。

丁伟斌、荣先恒、桂斌旺:《我国中小企业核心竞争力要素选择的实证分析》,《科学学研究》2005 年第 10 期。

董小英、蒋贵凰、刘倩倩:《知识管理提升企业创新能力的实证研究》,《清华大学学报》2006 年第 2 期。

范灵、张同建、丁江涛:《组织公平视角下组织学习对隐性知识共享促进效应研究——基于长三角研发型团队的数据检验》,《理论导刊》2015 年第 4 期。

高东明：《熊彼特主义增长理论的新进展》，《经济学动态》2006 年第 4 期。

耿新：《知识创造的 IDE-SECI 模型》，《南开管理评论》2003 年第 5 期。

龚建：《江西省饭店业核心竞争力建设的思考》，《商场现代化》2006 年第 10 期。

光胜、刘卫、唐郁：《知识属性、情景依赖与默会知识共享条件研究》，《研究与发展管理》2006 年第 6 期。

韩维贺、李浩、仲秋雁：《知识管理过程测度工具研究：量表开发、提炼和检验》，《中国管理科学》2006 年第 10 期。

侯杰泰、温忠麟、成子娟：《结构方程模型及其应用》，教育科学出版社 2004 年版。

胡炳志：《罗默的内生经济增长理论述评》，《经济学动态》1996 年第 5 期。

胡恩华、单红梅、陈燕：《企业核心竞争力的识别及综合模糊评价》，《系统工程》2004 年第 1 期。

胡汉辉、潘安成：《组织知识转移与学习能力的系统研究》，《管理科学学报》2006 年第 6 期。

胡汉辉、沈群红：《西方知识资本理论及其应用》，《经济学动态》1998 年第 7 期。

胡亚会、苏虹、张同建：《企业集成创新中知识转化微观机理解析》，《乐山师范学院学报》2017 年第 4 期。

黄小华、朱书阳、张同建：《公共图书馆知识转化对服务能力促进效应研究》，《图书馆理论与实践》2018 年第 2 期。

吉根宝、藏冬冬：《我国酒店核心竞争力探悉》，《扬州大学烹饪学报》2006 年第 2 期。

季玉群：《知识型企业核心能力分析及其综合评价研究》，《科研管理》2004 年第 7 期。

简传红、林昭文：《知识转化与核心能力形成传导模型设计分析》，《科技管理研究》2009 年第 2 期。

简传红、张同健：《基于核转化元的知识转化测度模型生成分析》，《研究与发展管理》2009年第2期。

江波：《知识管理系统在古村落旅游开发和管理中的作用分析》，《长沙大学学报》2008年第1期。

柯惠新、黄京华、沈浩：《调查研究中的统计分析法》，北京广播学院出版社1992年版。

雷江升：《基于知识管理的旅游服务营销分析》，《生产力研究》2008年第7期。

黎小兰、李文、张同建：《知识转化视角下民营企业新产品开发集成创新优化机制研究》，《科技管理研究》2016年第6期。

黎小兰、朱书阳、张同建：《图书馆知识管理究竟要管理什么？——兼论图书馆知识管理的三级传导机制》，《图书馆理论与实践》2016年第2期。

李翠娟、宣国梁：《知识供应链：企业合作知识创新的新方式》，《科研管理》2006年第5期。

李东红：《企业核心能力理论评述》，《经济学动态》1999年第1期。

李怀祖：《管理研究方法论》，西安交通大学出版社2000年版。

李明星、张同建、何娣、戴勇：《知识产权战略、自主技术创新与企业竞争力的相关性探讨》，《商业时代》2014年第5期。

李明星、张同建、林昭文：《知识转化、自主技术创新与企业成长的相关性研究——基于广东省高技术风险企业的数据检验》，《科技管理研究》2010年第23期。

李文、刘良灿、张同建：《新产品开发导向下知识转化对集成创新微观促进机理解析》，《科技进步与对策》2015年第10期。

李晏墅、陈晓东：《核心竞争能力研究若干学术流派述评》，《经济学动态》2003年第3期。

李作学、齐艳霞：《论企业隐性知识的作用和挖掘途径》，《科学学研究》2003年第12期。

梁启华、余光胜：《基于心理契约的企业默会知识转化与共享管理》，《研究与发展管理》2006年第2期。

林昭文、张同建：《核心价值观认同与知识转化的相关性研究——基于国有企业研发人员的数据检验》，《科研管理》2014年第3期。

林昭文、张同建：《基于知识转化的我国东西部企业核心能力形成比较分析》，《管理世界》2009年第2期。

林昭文、张同建、张利深：《互惠性知识型团队技术创新能力培育机制研究》，《科学学研究》2013年第8期。

林昭文、张同健：《基于微观知识转化机理的核心能力形成研究》，《科学学研究》2008年第4期。

林昭文、张同健、蒲勇健：《基于互惠动机的个体间隐性知识转移研究》，《科研管理》2008年第4期。

刘常勇、谢洪明：《企业知识吸收能力的主要影响因素》，《科学学研究》2003年第6期。

刘珺：《论知识管理与企业核心竞争力的契合关系》，《经济与社会发展》2006年第7期。

刘良灿、李文、张同建：《面向新产品开发的集成创新中知识转化动力机制实证研究——基于国有企业的数据检验》，《科技管理研究》2016年第1期。

刘良灿、王华、张同建：《我国企业知识管理及研究的困境和出路——基于全国大中小型企业300份样本调查结果的分析》，《情报理论与实践》2015年第8期。

刘良灿、张同建、林昭文：《从萌芽到成熟：学习型组织微观演化机理解析》，《科技管理研究》2010年第24期。

刘良灿、张同建、林昭文：《基于互惠性行为视角的组织学习微观演化机理解析》，《科技管理研究》2011年第4期。

刘良灿、张同建：《论组织学习对传统学习的十大超越》，《领导科学》2011年第7期。

刘良灿、张同建：《企业家人力资本价值评估影响因素实证研究》，《财会通讯》2010年第8期。

刘良灿、张同建：《我国汽车产业核心能力培育的策略性分析》，《商业时代》2011年第23期。

刘良灿、张同建：《知识产权战略与自主技术创新的联动效应研究——基于我国产业集群升级的视角》，《特区经济》2011年第7期。

刘良灿、张同建：《互惠性战略下能力培育机制研究——基于知识型企业的数据检验》，《技术经济与管理研究》2011年第3期。

刘良灿、张同建：《互惠性、组织学习与企业绩效相关性研究》，《技术经济与管理研究》2010年第6期。

刘良灿、张同建：《新经济形势下煤矿企业知识资本体系解析》，《财会通讯》2011年第3期。

刘良灿、张同建：《组织隐性知识转移的演化博弈——基于互惠性企业环境》，《技术经济与管理研究》2011年第2期。

刘明、杨韬、张同建：《知识型团队核心价值观认同对组织竞争力的促进机制研究》，《科技管理研究》2015年第7期。

刘明、张同建、徐红梅：《企业知识资本内生机制研究——以汽车行业为例》，《财会通讯》2013年第9期。

刘涛、张同建、徐红梅：《企业知识转化对核心竞争力成长的促进机制研究——以镇江市为例》，《情报理论与实践》2014年第3期。

刘一君、许龙、张同建：《科技成果转化的知识转移机制及促进效应解析》，《科技管理研究》2015年第8期。

刘一君、张同建：《企业集成创新中知识转移转化微观机理探析》，《山东社会科学》2018年第4期。

刘一君、朱书阳、张同建：《图书馆知识转移研究的困惑、反思和探索——我们需要转移什么？》，《情报理论与实践》2014年第11期。

吕宝林、张同建：《知识转化与核心能力形成的微观路径分析》，《统计与决策》2008年第2期。

穆荣、张同建：《隐性知识转移的不完全合约激励措施研究——基于经济人假设与互惠性假设条件下的对比性博弈均衡分析》，《情报理论与实践》2011年第1期。

戚啸艳、胡汉辉：《西方知识资本理论研究的新进展》，《经济学动态》2004年第5期。

齐建珍：《知识经济与老工业基地》，社会科学文献出版社 2001 年版。

钱军、周海炜：《知识管理案例》，东南大学出版社 2003 年版。

秦世亮、万威武、朱莉欣：《个人知识和企业知识创造》，《研究与发展管理》2004 年第 2 期。

芮明杰、陈晓静：《隐性知识创新与核心竞争力的形成关系的实证研究》，《研究与发展管理》2006 年第 6 期。

施琴芬、吴祖麒、赵康：《知识管理视野下的隐性知识》，《中国软科学》2003 年第 8 期。

宋远方：《知识管理与企业核心竞争能力培养》，《管理世界》2002 年第 8 期。

苏树厚、徐刘芬：《企业能力理论对契约理论的批判和超越》，《经济学动态》2006 年第 7 期。

孙锐、李海刚：《基于知识创新的知识团队研究》，《科研管理》2006 年第 11 期。

谭大鹏、霍国庆：《企业知识转移的"双因素"分析》，《研究与发展管理》2006 年第 6 期。

田圣海、徐以汛：《基于知识共享的企业核心能力塑造》，《研究与发展管理》2006 年第 3 期。

王德禄：《知识管理的 IT 实现——朴素的知识管理》，电子工业出版社 2003 年版。

王华、刘良灿、张同建：《我国企业知识管理研究的现状、困惑和改进》，《管理现代化》2015 年第 1 期。

王开明、万君康：《论知识的转移与扩散》，《外国经济管理》2000 年第 10 期。

王科、姚志坚：《企业能力理论述评》，《经济学动态》1999 年第 12 期。

王如富、徐金发：《知识管理的组织基础》，《科研管理》2000 年第 9 期。

王兆祥：《知识转移过程的层次模型》，《中国管理科学》2006 年第

6 期。

王忠、刘涛、张同建：《目标激励、知识转移和竞争力培育的相关性研究——基于四大国有商业银行支行层面的分析》，《金融理论与实践》2014 年第 8 期。

王忠、张同建、杨韬：《隐性知识转移视角下的产业集群成长机制研究——基于长三角和珠三角的数据检验》，《商业时代》2014 年第 7 期。

魏江：《企业核心能力的内涵与本质》，《管理工程学报》2004 年第 2 期。

魏江、王铜安：《个体、群组、组织间知识转移影响因素的实证研究》，《科学学研究》2006 年第 2 期。

魏小安：《中国旅游业发展的十大趋势》，《湖南社会科学》2003 年第 6 期。

吴晓波、郭雯、刘清华：《知识管理模型研究述评》，《研究与发展管理》2002 年第 12 期。

夏敬华、金昕：《知识管理》，机械工业出版社 2003 年版。

夏书章：《知识管理导论》，武汉出版社 2003 年版。

向海燕、张同建：《知识转移对知识产权战略实施的促进功能解析》，《江苏商论》2011 年第 7 期。

项国鹏：《知识管理与企业核心竞争力的培育》，《南开管理评论》2001 年第 6 期。

肖拥军：《我国旅游饭店知识管理探悉》，《科技进步与对策》2001 年第 1 期。

谢荷锋、水常青：《个体间非正式知识转移研究述评》，《研究与发展管理》2006 年第 8 期。

谢洪明、罗惠玲、王成：《学习、创新与核心能力：机制和路径》，《经济研究》2007 年第 2 期。

徐福缘、顾新建、祁国宁：《企业知识管理的实现技术与工具》，《系统工程理论方法应用》2004 年第 2 期。

徐红梅、王华、张同建：《斯金纳强化理论在隐性知识转化中的激励价值阐释》,《情报理论与实践》2015 年第 5 期。

徐虹:《饭店企业核心竞争力概念探悉》,《南开管理评论》2006 年第 6 期。

徐金发、许强、顾惊雷:《企业知识转移的情境分析模型》,《科研管理》2003 年第 3 期。

徐文苑:《酒店业的核心竞争力研究》,《集团经济研究》2006 年第 10 期。

薛求知、关涛:《跨国公司知识转移:知识特性与转移工具研究》,《管理科学学报》2006 年第 12 期。

杨爱民、张同健:《基于公平互惠的高等院校隐性知识转移研究》,《科技管理研究》2008 年第 10 期。

杨春丽、张同建:《我国星级酒店业知识管理与核心能力形成相关性研究》,《乐山师范学院学报》2010 年第 12 期。

杨治华、钱军:《知识管理——用知识建设现代企业》,东南大学出版社 2002 年版。

于秀林、任雪松:《多元统计分析》,中国统计出版社 1999 年版。

袁庆宏:《企业智力资本管理》,经济管理出版社 2001 年版。

张炳发、万威武:《企业知识资本投资与知识资本对企业绩效影响的实证研究》,《中国软科学》2006 年第 7 期。

张建华:《创新理论研究的新进展》,《经济学动态》1997 年第 7 期。

张庆普、李志超:《企业隐性知识流动与转化研究》,《中国软科学》2003 年第 1 期。

张同建:《互惠性偏好、知识转移与核心能力培育的相关性研究》,《研究与发展管理》2010 年第 4 期。

张同建、王华、王邦兆:《个体层面知识转化、知识转移和知识共享辨析》,《情报理论与实践》2014 年第 9 期。

张同建、赵健:《我国东西部企业知识转化绩效比较研究》,《科学学与科学技术管理》2010 年第 4 期。

张同建:《我国企业知识转移与知识转化的相关性解析》,《技术经济与管理研究》2010 年第 4 期。

张同健、胡亚会：《知识转移模型与委托——代理模型的拟合性研究》，《统计与决策》2009年第2期。

张同健、李迅、孔胜：《互惠性企业环境下知识转化的经验性研究》，《技术经济与管理研究》2010年第2期。

张同健、蒲勇健：《互惠性企业环境下知识转化、组织学习与技术创新的相关性研究——基于知识型团队的数据检验》，《科学学与科学技术管理》2009年第11期。

张晓燕、李元旭：《论内在激励对隐性知识转移的优势作用》，《研究与发展管理》2007年第2期。

张旭梅、朱庆：《国外供应链知识管理研究综述》，《研究与发展管理》2007年第2期。

张渊、张同建、陈彪：《强化激励、隐性知识转化与组织创造力的相关性——基于长三角高新技术企业研发型团队的数据检验》，《科技管理研究》2018年第1期。

赵国浩：《企业核心竞争力理论与实务》，机械工业出版社2005年版。

赵健、尤建新、张同建：《互惠性视角下的知识型企业知识转化机制》，《同济大学学报》2011年第2期。

赵涛、曾金平：《企业隐性知识流动动态扩展模型研究》，《科学学研究》2005年第8期。

赵雪松、杜荣、焦函：《师徒模式下隐性知识共享的障碍及解决方案》，《预测》2006年第5期。

钟惠波：《知识的经济学分析》，《中国软科学》2006年第12期。

周海炜：《核心竞争力——知识管理战略与实践》，东南大学出版社2002年版。

周晓东、项保华：《企业知识内部转移：模式、影响因素与机制分析》，《南开管理评论》2003年第5期。

朱方伟、蒋兵、唐丽艳：《技术转移中隐性知识转化的影响因素研究》，《研究与发展管理》2006年第6期。

朱方伟、王永强、武春友：《技术转移中隐性知识转化的障碍因素分析》,《科学学研究》2006 年第 6 期。

朱祖平:《刍议知识管理及其体系框架》,《科研管理》2000 年第 1 期。

邹国庆、于桂兰:《企业竞争优势理论综述》,《经济学动态》2004 年第 8 期。

邹海林:《论核心竞争能力及形成》,《中国软科学》1999 年第 3 期。

[美] 彼得·德鲁克:《组织的管理》,王伯言、沈国华译,上海财经大学出版社 2003 年版。

[美] 托马斯·A. 斯图尔特:《"软"资产——从知识到智力资本》,邵剑英译,中信出版社、辽宁教育出版社 2003 年版。

Allen T., *Managing the flow of Technology*, Cambridge MA: MIT Press, 1977, pp. 121 – 129.

Ambrosini, Veronique and Cliff Bowman, "Tacit Knowledge: Some Suggestions for Operationalization", *Journal of Management Studies*, 38.6 (2001), pp. 811 – 829.

Argote, Linda and P. Ingram, "Knowledge Transfer: A Basis for Competitive Advantage in Firms", *Organizational Behavior & Human Decision Processes*, 82.1 (2000), pp. 150 – 169.

Becker, G. S., *Human Capital: A Theoretical and Empirical Analysis, Division of Labor, Coordination Costs*, New York: Columbia University Press for the National Bureau of Economic Research, 1964, pp. 236 – 246.

Cummings, Jeffrey L. and B. S. Teng, "Transferring R&D Knowledge: The Key Factors Affecting Knowledge Transfer Success", *Journal of Engineering & Technology Management*, 20.1 (2003), pp. 39 – 68.

Davenport, Thomas H. and Laurence Prusak, *Working Knowledge: How Organizations Manage What They Know*, Harvard Business Press, 1998.

Edvinsson, L. and M. S. Malone, "Intellectual Capital: Realizing Your Company's True Value by Finding Its Hidden Roots, Haper Collins, New York", *Research-Technology Management*, 40.6 (1997), p. 172.

Edvinsson, Leif and Patrick Sullivan, "Developing a Model for Managing

Intellectual Capital", *European Management Journal*, 14.4 (1996), pp. 356 – 364.

Foss, Nicolai J. and Christian Knudsen, *Towards a Competence Theory of the Firm*, Routledge, 2013.

Graham, Ann B. and V. G. Pizzo, "A Question of Balance: Case Studies in Strategic Knowledge Management", *European Management Journal*, 14.4 (1996), pp. 338 – 346.

Gray, Peter H., "The Effects of Knowledge Management Systems on Emergent Teams: Towards a Research Model", *Journal of Strategic Information Systems*, 9.2 – 3 (2000), pp. 175 – 191.

Hamel Gary Heene eds., *Competitive-based Competition*, New York: John Wiley & Sons Ltd., 1994, pp. 343 – 359.

Hodgson, Geoffrey M., "Competence and Contract in the Theory of the Firm", *Journal of Economic Behavior & Organization*, 35.2 (1998), pp. 179 – 201.

Holsapple, Clyde W. and Meenu Singh, "The Knowledgechain Model: Activities for Competitiveness", *Expert Systems with Applications*, 20.1 (2001), pp. 77 – 98.

Howells, Jeremy, "Tacit Knowledge, Innovation and Technology Transfer", *Technology Analysis & Strategic Management*, 8.2 (1996), pp. 91 – 106.

Kachra A., *Reciprocity and Knowledge Transfer: The Role of Social and Economic Factors*, UK: University of Western Ontario, 2002.

Lam, Alice, "Tacit Knowledge, Organizational Learning and Societal Institutions: An Integrated Framework", *Organization Studies*, 21.3 (2000), pp. 487 – 513.

Leonard-Barton, Dorothy, "Core Capabilities and core Rigidities: A Paradox in Managing New Product Development", *Strategic Management Journal*, 13.S1 (1992), pp. 111 – 125.

Leonard-Barton, Dorothy, *Wellsprings of Knowledge: Building and Sustaining the Sources of Innovation*, Harvard Business School Press, 1995.

Lubit, Roy, "The Keys to Sustainable Competitive Advantage", *Organizational Dynamics*, 29.3 (2001), pp. 164 – 178.

Marshall, C. O., "Self-transcending Knowledge: Sensing and Organizing around Emerging Opportunities", *Journal of Knowledge Management*, 9 (2000), pp. 29 – 39.

Nonaka, Ikujiro and Hirotaka Takeuchi, "The Knowledge-creating Company", *Harvard Business Review*, 85.7/8 (2007), p. 162.

Nonaka, Ikujiro and N. Konno, "The Concept of 'Ba': Building a Foundation for Knowledge Creation", *California Management Review*, 40.3 (1998), pp. 40 – 54.

Nonaka, Ikujiro, R. Toyama and N. Konno, "SECI, Ba and Leadership: A Unified Model of Dynamic Knowledge Creation", *Long Range Planning*, 33.1 (2000), pp. 5 – 34.

Nonaka, Ikujiro, *A Dynamic Theory of Organizational Knowledge Creation*, INFORMS, 1994.

Oliver, Christine, "Sustainable Competitive Advantage: Combining Institutional and Resource-based Views", *Strategic Management Journal*, 18.9 (1997), pp. 697 – 713.

Penrose, E. T., *The Theory of Growth of the Firm*, Oxford: Oxford University Press, 1959.

Polanyi, Michael, "The Logic of Tacit Inference", *Philosophy*, 41.155 (1966), pp. 1 – 18.

Polanyi, Michael, *The Tacit Dimension*, University of Chicago Press, 2009.

Prahalad, C. K. and G. Hamel, "The core Competence of the Corporation", *Organization of Transnational Corporations*, 11 (1993), p. 359.

Rebentisch, Eric S. and M. Ferretti, "A Knowledge Asset-based View of Technology Transfer in International Joint Ventures", *Journal of Engineering & Technology Management*, 12.1 – 2 (1995), pp. 1 – 25.

Reber, Arthur S., "Implicit Learning and Tacit Knowledge: An Essay on the Cognitive Unconscious", *Oxford Psychology Series*, No. 19, 1993.

Robertson, Maxine, Harry Scarbrough and Jacky Swan, "Knowledge Creation in Professional Service Firms: Institutional Effects", *Organization Studies*, 24.6 (2003), pp. 831–857.

Spender, J.-C., "Making Knowledge the Basis of a Dynamic Theory of the Firm", *Strategic Management Journal*, 17.S2 (2015), pp. 45–62.

Sullivan, Patrick H., *Profiting from Intellectual Capital: Extracting Value from Innovation*, John Wiley & Sons, 1998.

Schrader, Stephan, "Informal Technology Transfer between Firms: Cooperation through Information Trading", *Research Policy*, 20.2 (1991), pp. 153–170.

Sveiby, Karl Erik, *The New Organizational Wealth: Managing and Measuring Knowledge-Based Assets*, Berrett-Koehler Publishers, 1997.

Szulanski, Gabriel, "Exploring Internal Stickiness: Impediments to the Transfer of Best Practice within the Firm", *Strategic Management Journal*, 17.S2 (1996), pp. 27–43.

Szulanski, Gabriel, "The Processof Knowledge Transfer: A Diachronic Analysis of Stickiness", *Organizational Behavior and Human Decision Processes*, 82.1 (2000), pp. 9–27.

Tsoukas, Haridimos and Efi Vladimirou, "What is Organizational Knowledge?" *Journal of Management Studies*, 38.7 (2001), pp. 973–993.

Tua Haldin-Herrgard, "Difficulties in Diffusion of Tacit Knowledge in Organizations", *Journal of Intellectual Capital*, 1.4 (2000), pp. 357–365.

Winter S. G., *The Competitive Challenge*, Cambridge, MA: Ballinger, 1987, pp. 159–184.

Zander, Udo and Bruce Kogut, "Knowledge and the Speed of the Transfer and Imitation of Organizational Capabilities: An Empirical Test", *Organization Science*, 6.1 (1995), pp. 76–92.

附　　录

研究问卷
知识转化与核心能力形成相关性实证研究的调查问卷

敬启者：

您好！

这是一份研究我国企业知识转化与核心能力形成相关性的调查问卷，希望能借助您宝贵的经验给我们提供支持。本调查纯属学术研究之用，问卷的填写内容仅供作研究的统计分析，绝不会向外公开贵单位的任何个别资料！

【填写说明】本次调查为了评价管理项目的重要程度、符合性程度以及指标性能的高低，问卷将其划分为7个等级。请根据您的经验判断贵公司在不同的项目下的重要性或符合程度，并在相应的等级尺度上打"√"。

一 知识转化问卷

1. 知识社会化测度问卷

题项或指标	很少		有	时		经常	
	1	2	3	4	5	6	7
S1 公司内部具有经验丰富的老员工指导新员工、优秀员工帮助后进员工,以及不同部门、层次、级别的员工互助互学的气氛(如"传帮带")	□	□	□	□	□	□	□
S2 优秀员工的才能、品德、事迹对团队潜移默化式的感召和促进(如"铁人精神")	□	□	□	□	□	□	□
S3 公司积极地在员工中树立个人榜样和个人典型,并有意识地创造向优秀员工的突出优势(技能、忠诚、进取、助人等)学习的企业环境	□	□	□	□	□	□	□
S4 公司中存在业务范围内的勤奋好学、深度思考、奋发向上、自我超越的进取氛围	□	□	□	□	□	□	□
S5 团队实施并鼓励对职工的内部培训机制,以提高员工的业务技能	□	□	□	□	□	□	□
S6 公司鼓励团队之间在业务协作、经验互换、流程再造等方面进行深层次的交流并为此积极地创造鼓励交流的环境	□	□	□	□	□	□	□
S7 优秀团队的精神、文化、风格、理念等对企业的长远发展产生了较好的感染和表率作用	□	□	□	□	□	□	□
S8 团队内部经常能够有效地进行深层次的工作技能交流、经验总结、集体讨论、批评与自我批评	□	□	□	□	□	□	□

续表

题项或指标	很少		有	时		经常	
	1	2	3	4	5	6	7
S9 公司的前景、目标、管理方式、组织结构等企业文化环境有助于员工在技能与经验上的自我超越与创新（如"内部营销"的实施绩效）	□	□	□	□	□	□	□
S10 公司决策层对团队管理层在能力、观念、经验、行为上存在有效的启示与约束	□	□	□	□	□	□	□
S12 公司决策层能够形成高度和协、团结一致、谦虚进取、众望所归的领导环境	□	□	□	□	□	□	□

2. 知识外显化测度问卷

题项或指标	很少		有	时		经常	
	1	2	3	4	5	6	7
E4 公司鼓励员工将自己的技能、经验、体会、见解等深层次的内在知识以格式化文件的形式表现出来，并为此提供环境与鼓励政策	□	□	□	□	□	□	□
E8 团队范围内能够将内部的管理经验、技能创新、流程再造等以书面文件的形式进行挖掘、细化与整理，以便于团队内部推广实施	□	□	□	□	□	□	□
E12 公司领导层能够进行经验交流、深度会谈等有效的工作总结，并形成正式文件以指导企业的长远发展	□	□	□	□	□	□	□

3. 知识组合化测度问卷

题项或指标	很少		有	时		经常	
	1	2	3	4	5	6	7
C1 员工之间愿意并能够将各自成文的技术成果、工作经验、思想观念等进行口头交流、书面传阅、警示与启发等	□	□	□	□	□	□	□
C2 团队鼓励员工将本人的岗位职责、工作规范、业务技能、工艺要点等进行书面整理，以充实团队的工作档案资料	□	□	□	□	□	□	□
C3 公司鼓励员工将自己的技术、工艺、思想、观点等以讲座、论文、会议的形式向组织全体人员汇报和传递	□	□	□	□	□	□	□
C5 员工能够自觉地接受团队管理层的工作安排与指导，并遵守团队的规章制度	□	□	□	□	□	□	□
C6 团队之间成文的工作经验、技能、观念、协调机制、业务协作等都能够有效地实现相互交流与传递	□	□	□	□	□	□	□
C7 公司建立有效的机制鼓励团队将各自的突出技能、先进经验等优势信息汇报决策层，以便在公司范围内有选择地推广	□	□	□	□	□	□	□
C8 团队重视岗位规范、工作流程、标准工艺、安全生产等工作过程中产生的相关业务信息的收集与整理	□	□	□	□	□	□	□
C9 企业的规章制度、决议、精神等能够在有效时间内得到大部分员工的拥护与支持（即"上下同欲"）	□	□	□	□	□	□	□
C10 决策层的最后决议、全局规划、战略方针能够在有效时间内得到管理层的理解、执行与贯彻	□	□	□	□	□	□	□
C12 公司有计划地从生产、销售、研发部门收集信息，进行数据分类、整理、存储，并实施数据库设计与维护，以提高公司信息的总量与质量	□	□	□	□	□	□	□

4. 知识内隐化测度问卷

题项或指标	很少			有时			经常
	1	2	3	4	5	6	7
I1 员工积极地利用公司各类数据库中保存的资料、文献、技能规范进行学习，以便增强自己在公司中未来的个人竞争力	□	□	□	□	□	□	□
I2 团队管理人员能够充分吸纳员工的建议，集思广益地改造自己的领导方式、提高领导效率（如"诸葛亮会"）	□	□	□	□	□	□	□
I3 公司有意识地颂扬优秀员工的事迹或中坚人物的壮举，将其融入企业文化之中，以便激励全体员工的信心、效率与忠诚	□	□	□	□	□	□	□
I5 团队领导深孚众望，员工在团队环境中具有较强的团队自豪感和团队优越感（如"内部营销"）	□	□	□	□	□	□	□
I6 公司鼓励团队之间有效地吸纳对方的先进经验、消化对方的突出技能、学习对方的管理优势，真正化为己有	□	□	□	□	□	□	□
I7 优秀团队的精神、事迹能够在整个组织范围内得到尊重、颂扬与学习（如"南京路上好八连"）	□	□	□	□	□	□	□
I9 公司的企业环境能够使新员工在短期内激情满怀、对公司的长远发展充满希望，并决心努力工作、奉献企业（如"松下精神"）	□	□	□	□	□	□	□
I10 管理层能够利用公司现有的文件、决议、计划书等充分领会决策层的战略意图并转化为自己有效的管理实践行为	□	□	□	□	□	□	□

二 核心能力形成问卷

1. 核心管理能力形成测度问卷

题项或指标	不存在		存在			经常	
	1	2	3	4	5	6	7
A1 企业高层管理人员的领导能力越来越强,在全体员工中的威信越来越高	□	□	□	□	□	□	□
A2 企业人力资源管理部门的工作效率逐渐提高,全体员工越来越能感到人尽其才	□	□	□	□	□	□	□
A3 企业的部门设置与调整逐渐合理,对企业的长远发展起到越来越大的推动作用	□	□	□	□	□	□	□
A4 企业中运用计算机的员工越来越多、用计算机取代的手工业务操作越来越多、计算机运行错误逐渐变少	□	□	□	□	□	□	□

2. 核心技术能力形成测度问卷

题项或指标	不存在		存在			经常	
	1	2	3	4	5	6	7
T1 科研部门的技术力量越来越强,专利、发明、技术革新成果逐渐增多	□	□	□	□	□	□	□
T2 科研部分能够不断地将企业内外的技术成果应用到产品中去,新产品不断出现	□	□	□	□	□	□	□
T3 企业的生产效率逐渐提高,产量逐渐增大,产品种类逐渐增多,产品质量逐渐改进	□	□	□	□	□	□	□
T4 企业产品的性价比越来越高,质量管理观念越来越先进,质量管理方法越来越富有成效	□	□	□	□	□	□	□

3. 核心市场能力形成测度问卷

题项或指标	不存在			存在			经常
	1	2	3	4	5	6	7
M1 企业销售部门的能力越来越强，订单越来越多，销售资金回笼越来越快	□	□	□	□	□	□	□
M2 企业销售部门越来越依靠各种信息系统提供的数据进行产品销售的规划、预测与决策	□	□	□	□	□	□	□
M3 客户对本企业产品与服务的满意增加，对企业信任增加，对企业前景具有越来越强的信心与期待	□	□	□	□	□	□	□
M4 本企业产品在销售市场上占同类产品份额的不断增长，本企业产品的品牌声誉越来越好	□	□	□	□	□	□	□

4. 核心整合能力形成测度问卷

题项或指标	不存在			存在			经常
	1	2	3	4	5	6	7
C1 企业基于核心技术、生产、管理能力平台上的综合发展能力逐渐增强	□	□	□	□	□	□	□
C2 企业在新式管理理论、方法、工具的基础上的统筹规划能力和全局预测能力逐渐增强	□	□	□	□	□	□	□
C3 企业对于职工的价值观、忠诚度、使命感的综合培育效果逐渐改进	□	□	□	□	□	□	□
C4 企业各职能部门、平行分支机构之间的协调效率逐渐提高，部门合作意愿逐渐增强	□	□	□	□	□	□	□

三　个人基本资料问卷

1. 您在贵公司的职务是：
□总经理、董事长
□副总经理、总工程师、总经济师、总会计师
□部门经理、业务骨干　□其他
2. 您的学历为：
□博士、博士后人员　□硕士、MBA　□本科及同等学力
□专科及同等学力　□其他
3. 您在此职位的任职年限为：
□10 年以上　□5—10 年　□3—5 年　□3 年以下

四　公司基本资料问卷

1. 贵公司所属行业：
□化工　□电子　□机械　□能源　□旅游
□其他_____（请注明）
2. 贵公司所有制性质：
□国有　□民营　□股份　□三资企业　□其他
3. 贵公司三年内平均销售收入：
□1000 万元以下　□1000 万—5000 万
□5000 万—2 亿元　□2 亿—10 亿元
□10 亿元以上
4. 贵公司三年内平均资产总额：
□5000 万—2 亿元　□2 亿—10 亿元　□10 亿元以上
5. 贵公司三年内平均职工人数：
□100 人以下　□100—500 人　□500—2000 人
□2000—10000 人　□10000 人以上

6. 贵公司成立时间：

□5 年以下　□5—10 年　□10—20 年

□20—30 年　□30 年以上

【问卷到此结束，感谢您的支持与合作！如果需要本研究的最后报告，请留下贵公司或本人的通信地址和 E-mail】

通信地址：_____

E-mail：_____